Stille Nacht
Raue Nacht

Ilona Picha-Höberth

Storytellerin, Astrologin und Autorin von Märchen, Geschichten und Sachbüchern, arbeitet seit mehr als 30 Jahren mit der Bedeutung und der Symbolik von Märchen und Mythen. Neben ihrem Buch »Zeit-Los«, das sich mit der Herkunft, den mythologischen Hintergründen und den aktuellen Bezügen dieser sagenumwobenen Nächte zwischen den Jahren beschäftigt, erzählt sie in »Stille Nacht – Raue Nacht« mystische und geheimnisvolle Geschichten von Raunachtsspuk und Winterwunder zum Vorlesen und selber Lesen.

»Märchen erzählen nicht von einer heilen Welt -
aber wenn du sie verstehen lernst, dann heilen sie deine Welt.«
Ilona Picha-Höberth

Bisherige Publikationen im creAstro-Verlag:

- »Wer küsst Rapunzels Schuh?« - 2005
- »PICCO – ein Märchen« - 2008
- »Märchen vom grünen Fluß« - 2010
- »Stille Nacht – Raue Nacht« (CD) - 2011
- »Märchen von der Unmöglichkeit der Liebe« – 2013
- »Kosmische Momente« - 2014
- »Dunkles Land« – 2016
- »Seelenbrüche« – 2018
- »Zeit-Los« – 2019

Kontakt: iph@creastro.de

Stille Nacht -
Raue Nacht

Ilona Picha-Höberth
creAstro Verlag

Besuchen Sie auch die Website www.creAstro.de

Bibliografische Information Der Deutschen Bibliothek
Die Deutsche Bibliothek verzeichnet diese Publikation in der Deutschen Nationalbibliografie; detaillierte bibliografische Daten sind im Internet über http://dnb.ddb.de abrufbar.

Ilona Picha-Höberth
Stille Nacht – Raue Nacht

Wasserburg am Inn, creAstro-Verlag , 2019
ISBN: 978-3-939078-20-3

Grafik: Gerhard Höberth / www.hoeberth.de
Cover: Gerhard Höberth
Foto: Ilona Picha-Höberth
Gedruckt in Deutschland

Inhaltsverzeichnis

1. Frau Perchts Fluch 7

2. Die Nachtsennerin 23

3. Das Haus der Hel 37

4. Knecht Ruprecht 51

5. Der verschwundene Knecht 59

6. Wilde Schifffahrt auf dem Inn 67

7. Der Wagner 79

8. Das Totenglöcklein 87

9. Raunacht am Kreuzweg 97

10. Hochzeit der Entrischen 109

11. Thomasnacht 121

12. Jahreslauf 143

Frau Perchts Fluch

Damals, in einer Zeit, in der die meisten Menschen sich noch darauf verstanden, die Sonntagspredigten des Pfarrers mit den allgültigen Gesetzen der Großen Mutter in Einklang zu bringen, befand sich in Wasserburg, dort, wo Schuster- und Färbergasse aufeinandertreffen, eine kleine Schneiderstube.

Sie gehörte einer Witwe, die sich aufs Beste darauf verstand, die feinsten und edelsten Wäsche- und Kleidungsstücke herzustellen. Wer bei ihr arbeiten durfte, musste eine begnadete Schneiderin sein und die jungen Mädchen, die dort in die Lehre gehen durften, betrachteten dies als große Ehre. Nur begüterte Eltern konnten es sich leisten, das von der Schneidermeisterin geforderte Lehrgeld aufzubringen.

So traf es einmal zu, dass die Tochter eines wohlhabenden Händlers in dieser Schneiderwerkstatt ihre Ausbildung antrat. Sie war recht geschickt im Umgang mit Nadel und Faden und auch sonst sehr klug und umsichtig. Aber vielleicht war das ja gerade ihr Fehler, denn ihre rasche Auffassungsgabe ließ sie mitunter etwas vorlaut reagieren und zu den Helferinnen in der Schneiderei oder den Wäscherinnen, die jeden Tag kamen, um die fertiggestellten Sachen zur Reinigung oder zum Plätten abzuholen, war sie herrisch und herablassend im Ton.

Die Meisterin bemerkte das sehr wohl, aber sie dachte bei sich: »Die wird sich schon noch fangen.« Und so ließ sie das Mädchen erst einmal gewähren, ohne ihm die Grenzen aufzuzeigen.

Jedes Jahr in den Wochen vor Weihnachten hatte man in der Nähstube alle Hände voll zu tun. Nicht nur, dass jede Bürgersfamilie in Wasserburg, die etwas auf sich hielt, zu den Festtagen neue Kleidung für die ganze Familie in Auftrag gab. Nein, es war auch, weil – wie ja damals jeder wusste – rechtzeitig vor den Heiligen Nächten alle Arbeiten fertiggestellt sein mussten. Kein halbvernähtes Tuch, kein zugeschnittener Stoff, kein offener Hosensaum, keine unfertige Arbeit durfte über die Raunächte liegen bleiben, denn das hätte Folgen für das neue Jahr haben können, die keiner auf sich nehmen wollte.

So saßen also die fleißigen Schneiderinnen in der warmen Stube, während draußen ein eisiger Winterwind durch die Gassen der Stadt pfiff und dicke Schneeflocken vor sich her trieb, die Köpfe tief über ihre Arbeiten geneigt und nähten sich die Finger wund.

Die kleinen Öllämpchen flackerten, im Kamin prasselte das Feuer und so fingen schließlich die Alten unter ihnen an, Geschichten zu erzählen. All diese Geschichten aus längst vergangenen Zeiten, die sie selbst zwar nicht erlebt, von denen aber ihre Großmütter und Urgroßmütter erzählt hatten. Und genauso, wie sie diese Geschichten gehört hatten, gaben sie sie jetzt weiter und berichteten von all den wundersamen Begebenheiten und Erscheinungen während der Raunächte.

Vom schwarzen Wode und seinem unheimlichen Gefolge, das mit lautem Heulen und Krachen vom wolkenverhangenen Himmel herab fuhr, war da zu hören, von der wilden Schifffahrt auf dem Inn, von segensreichen Himmelswesen und listigen Erdgeistern. Die Frauen erzählten aber auch von der Percht, die damals selbst noch mit ihren seligen Heimchen in den dunklen Winternächten auf die Erde kam, um nach dem Rechten zu sehen, von all den Ge- und Verboten der Weisen Frau, von den Sitten und Bräuchen, die sich daher abgeleitet hatten und davon, wie gefährlich und folgenschwer es war, sich über diese Gesetze hinwegzusetzen.

Die Jüngeren lauschten gespannt mit offenen Ohren und roten Wangen – alle, bis auf eine: Das neue Lehrmädchen verzog spöttisch das Gesicht, während es gerade einen neuen Faden mit seiner Zunge befeuchtete, ehe es ihn durch das enge Nadelöhr schob. »Ach, Ihr mit eurem alten Aberglauben. Wer glaubt denn heute noch so etwas? Lasst euch doch nicht auslachen! Was würde denn schon passieren, wenn ich meine Wäsche einfach draußen hängen ließe – hä?«

»Du, hüte dein Mundwerk! So darfst nicht reden!«, rief eine der Älteren erbost.

»Wer sollte mich denn daran hindern – deine Heilige Frau vielleicht, oder wer? Dass ich nicht lache!«

»Jetzt ist aber Ruhe!«, rief die Meisterin energisch, ehe in der Stube ein richtiger Streit ausbrechen konnte. »Ihr seht jetzt alle zu, dass ihr mit der Arbeit fertig werdet! Ich will kein Wort mehr hören!«

Und so senkten alle schnell wieder ihre Gesichter über die Stoffe und arbeiteten flink weiter, ohne auch nur einen Ton von sich zu geben.

Es war Heiliger Abend. Draußen war es schon finster geworden, als endlich der letzte Kreuzstich gestickt und der letzte Lochsaum vernäht war. Alle Kundinnen hatten die bestellten Arbeiten bereits abgeholt. Nur ein Kleid war am Ende übrig geblieben. Ein wunderschönes Kleid von himmelblauer Farbe mit kostbarsten Stickereien darauf. »Na, dann wird das wohl Zeit haben, bis nach den Festtagen«, sagte die Meisterin, faltete es sorgfältig zusammen und legte es in die große, hölzerne Truhe, in der die fertigen Stücke auf ihre Abholung warteten. Wie jedes Jahr an Weihnachten gab die Meisterin jetzt noch einer jeden ihrer Helferinnen ein kleines Säckchen mit Äpfeln, Nüssen und einem Stück Speck darin für die Feiertage. Nachdem sich alle gegenseitig ein schönes Fest gewünscht hatten, verabschiedeten sie sich voneinander, wickelten sich in ihre warmen Wolltücher, ehe sie durch den frostigen Wintersturm nach Hause zu ihren Familien huschten. Auch die Meisterin selbst hatte es eilig. Draußen wartete schon eine Pferdekutsche, die sie geschwind zu ihrer Schwester bringen sollte, die in Attel, in der Nähe des Klosters ein kleines Häuschen besaß und die dort schon mit dem Weihnachtsessen wartete.

So war die Werkstatt, bis auf das junge Lehrmädchen, bald verlassen. Die Jüngste hatte noch die Aufgabe, herumliegende Nadeln aufzuheben, Tücher zusammenzulegen, den Boden zu fegen, schließlich alle Lichter zu löschen und die Türen sorgfältig zu versperren.

Das Mädchen beeilte sich, schließlich wollte es auch bald daheim sein. Dort wartete schon die Mutter mit der Suppe und den gebratenen Schweinswürstel mit Kraut, die immer zur Weihnacht auf den Tisch kamen. Danach würde es die Bescherung geben, unter dem großen, mit rotbackigen Winteräpfeln und selbst gebastelten Strohsternen geschmückten Tannenbaum, den der Vater jedes Jahr aus dem Wald holen ließ.

In freudiger Erwartung fuhr es mit energischen Besenstrichen über den Holzboden, als es plötzlich laut an der Tür pochte.

»Es ist niemand mehr da!«, rief das Mädchen.

»Ach, bitte, mach mir auf! Ich brauche so dringend mein Kleid, das ich bestellt habe!«

So ging also das Mädchen zur Tür und öffnete. Draußen stand eine hochgewachsene, edle Frau. Das Mädchen konnte ihr Gesicht nicht richtig erkennen, ein wollenes Tuch, das die Dame über ihr Haar gelegt hatte, warf einen dunklen Schatten darauf.

»Die Meisterin ist aber schon gegangen!«

»Das macht doch nichts, gib du mir doch das Kleid! Du weißt schon, welches ich meine. Das Blaue, geh' und hole es mir, mach schnell!«

Und so öffnete das Mädchen die alte Holztruhe und nahm das festliche Gewand heraus.

Als die Frau es jedoch in die Hände nahm und im Schein der Öllampe ein wenig hin und herdrehte, um es prüfend zu betrachten, rief sie plötzlich: »Aber da! Da sind ja noch Flecken auf dem Stoff, das ist ja noch gar nicht gewaschen!«

»Aber ich sagte doch schon, es ist niemand mehr hier, außerdem lässt die Meisterin nicht waschen während der Raunächte!«

»Sie hält sich also an die alten Gesetze, und du? Wie ist es mit dir, mein Kind? Hältst du dich auch daran?«

»Pah, alte Gesetze!«, lachte das Mädchen, »wer wird denn noch an so was glauben? Das ist doch nur was für die Alten und die Dummen!«

»So, so«, sagte die Fremde. »Na, wenn das so ist, dann wirst du mir das Kleid ja heute noch fertig machen können – oder nicht? Ich will dich auch dafür belohnen.« Sie zog aus ihrem samtenen Säcklein, das an ihrem Gürtel baumelte, einige Goldmünzen hervor. »Ich bleib schon nichts schuldig.« Und wie sie das sagte, da lachte sie ein wenig seltsam, so, als meine sie damit etwas ganz anderes. »Ich bin noch nie jemand etwas schuldig geblieben, mein Kind! Morgen um die Mittagszeit komme ich wieder hierher und hole es ab!«

So nahm das Mädchen also das Kleid und machte sich geschwind auf den Weg hinüber in die Wäscherei. »Was für ein Glück, dass noch jemand da ist!«, rief sie, als sie die Waschküche betrat und noch einige Wäscherinnen antraf, die sich nun anschickten, nach Hause zu ihren Familien zu gehen, nachdem sie sauber gemacht und gerade die letzten Waschbottiche umgedreht hatten.

So sehr sich das junge Lehrmädchen nun auch bemühte, wenigstens eine der Frauen dazu zu überreden, das Kleid zu waschen und aufzuhängen, es wollte sich keine finden, die am Vorabend zur Heiligen Nacht noch bereit war, dies zu tun.

»Es ist Raunacht! Wo denkst du denn hin? Da wird nichts mehr gewaschen und schon gar nicht zum Trocknen aufgehängt! Außerdem ist kein heißes Wasser mehr im Kessel und die Bottiche sind alle schon trocken gewischt. Das muss jetzt warten bis nach den Feiertagen.«

Aber die Junge dachte an die Belohnung und wollte den Frauen zeigen, wie dumm und abergläubisch sie alle waren. So drehte sie sich mit einem Fluch auf den Lippen um und lief mit dem Kleid hinunter zum Innufer. Und während sich das Läuten der Glocken von St. Jakob über der Stadt erhob, tauchte sie es eigenhändig in das eiskalte Wasser hinein. Als sie es jedoch gerade wieder aus den Fluten ziehen wollte, da begann vor ihren Augen der Fluss plötzlich die Strömungsrichtung zu ändern. Es bildete sich ein Wirbel, in dem sich das Wasser immer schneller und schneller zu drehen begann. Auf einmal erschien in ihm das Bild einer Frau, deren Gesicht düster und sehr zornig aussah. Es verwandelte sich zusehends immer mehr in eine scheußliche, furchterregende Grimasse, wie die eines Dämons, mit glühenden Augen und weit aufgerissenem, hassverzerrtem Mund und diese Fratze schien nun geradewegs aus den Wogen herauszubrechen.

Das Mädchen erschrak fast zu Tode. Mit einer Hand schlug sie sich auf den Mund, um den Schrei, der ihr gerade aus der Kehle fahren wollte, zu unterdrücken; mit der anderen Hand fasste sie das Kleid und rannte, so schnell sie konnte, zurück in die Schneiderwerkstatt.

Ihr Herz klopfte bis zum Hals, der Atem brannte in ihren Lungen. Trotzdem hängte sie das Kleid noch schnell über den Ofen, der noch ein wenig Restwärme abstrahlte, ehe sie sich eiligst auf den Weg nach Hause machte.

»Aber, mein liebes Kind, wie siehst du denn aus?«, fragte die Mutter besorgt, als sie ihre Tochter bleich, zitternd und völlig außer Atem vor der Tür stehen sah.

Wie das Mädchen jedoch den Mund öffnete, um von seinem unheimlichen Erlebnis zu berichten, kam kein Wort über seine Lippen. So sehr es sich auch bemühte: Nichts! Kein Laut, keine Silbe, ja nicht einmal ein Stammeln.

Die Eltern ließen sogleich nach dem Arzt rufen; aber auch der konnte keine Abhilfe schaffen.

Die junge Frau war und blieb stumm. Tausend Gedanken gingen ihr durch den Kopf, aber sie konnte sie nicht mitteilen. Niemand verstand sie mehr und nicht nur das. Im Laufe der Zeit waren alle davon überzeugt, dass sie den Verstand verloren hatte. Und so hörte schließlich jeder auf mit ihr zu sprechen.

Für die Stumme begann nun eine schlimme und einsame Zeit. Die Eltern fingen an, sich für sie zu schämen, und wer sich anfangs noch bemühte, ihr etwas verständlich zu machen, stellte diese Bemühungen schließlich ein, weil er nie eine Antwort von ihr erhielt. Wer sollte denn schon ahnen, dass die Arme sehr wohl jedes Wort verstand, aber nicht in der Lage war, auch nur einen Laut von sich zu geben. Dass sie einen klaren und wachen Geist besaß, eine Seele, die litt – aber keine Möglichkeit hatte, diese Gedanken und Gefühle in Worte zu kleiden?

So trug man ihr von nun an auch in der Schneiderei nur mehr die niedrigsten Arbeiten auf, beachtete sie kaum und nahm sie schließlich irgendwann gar nicht mehr wahr.

Und die junge Schneiderin tat stumm und verbittert ihren Dienst und wurde dieser nicht benötigt, so ging sie oft hinunter zum Innfluss, weil sie die Gemeinschaft mit den anderen, die so fröhlich und vergnügt waren, nicht mehr aushielt.

Denn dort am Ufer des grünen Flusses, wo ihr dieses schreckliche Unglück widerfahren war, spürte sie endlich einen inneren Frieden, nach dem sie sich so sehr sehnte. Sie vernahm das stille Lied der herabfallenden Schneeflocken, sah, wie am Ende des Winters Eis und Schnee schmolzen, die eisbedeckten Pfützen wieder auftauten, glitzernde Wassertropfen von Ästen und Zweigen herabfielen und sie hörte das Zwitschern der ersten Amsel im Geäst.

Und mit dem Eis schmolz schließlich auch ihre Verbitterung und sie begann zu verstehen, was ihr geschehen war. Ihre Lippen blieben verschlossen, aber ihr Herz, ihre Augen und ihre Ohren begannen sich zu öffnen und sie beobachtete gespannt den Lauf der Natur. Sie lauschte dem Plätschern der Wellen und dem wechselnden Gesang der Wogen. Als die ersten grünen Knospen aus dem Geäst trieben und zarte Blüten hervorbrachen, da sog sie den Hauch des Frühlings und den süßen Duft der Blumen in sich auf und es schien ihr, als würde dies den Durst ihrer wunden Seele stillen. Es war ihr, als sähe sie zum ersten Mal in ihrem Leben die bunte Farbenpracht der Sommerblumen und der tanzenden Schmetterlinge. Der warme Wind streichelte ihr Gesicht und das Wispern der Gräser erzählte ihr traumhafte, geheime Dinge. Und schließlich brachte die Üppigkeit der rotgoldenen Herbstblätter ihre Augen zum Strahlen und sie freute sich am modrig-süßen Geruch der herbstlichen Erdenfeuchte.

Als nun endlich der Winter wieder kam, da saß sie, unbeachtet von den anderen Schneiderinnen, in der Werkstatt und lauschte den alten Geschichten mit ihrem ganzen Herzen.

Mit einem Mal begann sie die Wahrheit hinter den Dingen zu verstehen, die Botschaften der alten Märchen und Mythen zu entschlüsseln und den geheimen Sinn der Gesetzmäßigkeiten des Lebens zu begreifen.

Schließlich stand die Heilige Nacht wieder bevor und das Mädchen blieb, wie im vergangenen Jahr, alleine in der Werkstatt zurück, um die letzten Arbeiten zu erledigen. Und genau, wie vor einem Jahr, klopfte es auch dieses Mal wieder an die Tür.

Das Herz der Stummen pochte heftig, als sie mit schweißnassen, zitternden Fingern den Riegel zurück schob. Noch ehe die Tür aufsprang, wusste sie schon, wer draußen sein würde.

Und tatsächlich: Wieder stand diese hochgewachsene, fremde Frau vor ihr und wieder verbarg ein wollenes Tuch ihr Gesicht. Als die Frau in die Stube getreten war, schlug sie das Tuch zurück. Angstvoll blickte die Junge zu Boden. Sie fürchtete noch einmal jene schreckliche, verzerrte Fratze sehen zu müssen, wie in jener unseligen Nacht am Inn.

»Sieh mich an, mein Kind!«, sprach die Fremde nun mit sanfter Stimme.

Ganz vorsichtig hob sie die Augen und sah in ein Gesicht, das so wunderschön war, so sanft, so gütig und so liebevoll.

»Vor einem Jahr noch«, fuhr die Frau nun fort, »warst du hart und ungerecht. Du lachtest über meine

Gebote und setztest dich nach deinem Willen darüber hinweg. Ich habe dir deine Sprache nicht genommen, um dich zu strafen, sondern um dich zu lehren, auf das zu achten und zu hören, was wichtig und wesentlich im Leben ist. Du hast dich in dein Schicksal gefügt und das Beste daraus gemacht. Über deine eigene Sprachlosigkeit hast du gelernt, auf deine innere Stimme zu hören und dein Herz zu öffnen für das Wesentliche. Deshalb gebe ich dir deine Sprache wieder zurück. Achte diese Gabe von nun an und bedenke, dass Worte wie Waffen sein können. Wähle sie von nun an wohl und überlegt!«

Und ehe die junge Schneiderin begriff, was überhaupt geschehen war, hatte die fremde Frau sich umgewandt und das Haus verlassen. Als sie ihr nacheilte und die Türe öffnete, um ihr hinterherzublicken, sah sie vor sich die ganze Gasse hinunter nichts anderes, als eine weiße, geschlossene Schneedecke, auf der nicht ein einziger Fußabdruck zu sehen war.

Das Mädchen hatte von nun an tatsächlich seine Sprache wieder gefunden. Die Eltern, die Meisterin, alle waren hoch erfreut und taten so, als hätten sie niemals am Verstand der jungen Frau gezweifelt. Sie aber wollte und konnte nicht mehr so leben, wie vorher. So packte sie eines Tages ihr kleines Bündel, ließ die kleine Stadt im Flussmäander hinter sich und zog in die Welt hinaus, um den Menschen Botschaften von den immerwährenden, verborgenen Weisheiten und den allgültigen Gesetzen des Lebens zu bringen.

Die Nachtsennerin

In der Tegernseer Gegend, unten am Fuße des Walbergs, befand sich einmal ein großer Hof. Der Bauer war ein leutseliger Mann. Besonders in der staaden Zeit saß er gern zusammen mit all den Leuten vom Hof, den Mägden und den Knechten und erzählte die eine oder andere Geschichte, wie das eben so war in der damaligen Zeit.

Wie diese Geschichten gesponnen waren oder oft auch, wie sie ausgingen, hing dabei so manches Mal von der Menge an Bier ab, die schon durch die durstigen Kehlen geronnen war.

Eines Abends saß der Bauer wieder zusammen mit seinen Knechten bei einem Weihnachtsumtrunk. Alle waren sie gekommen und saßen um den großen hölzernen Tisch in der bäuerlichen Stube, während der Bauer, der es liebte, wenn alle Anwesenden an seinen Lippen hingen, von allerlei Vorkommnissen in diesen zeitlosen Nächten erzählte: Von der wilden Reiterschar, die in dieser Zeit über den wolkenverhangenen Himmel fuhr und von einem schaurigen, schwarzen Jäger, der auf unerklärliche Art genauso schnell erschien, wie er wieder verschwand und den so mancher nächtliche Wanderer auf seinem Weg schon getroffen hatte.

Alle lauschten gebannt, bis sich plötzlich der neue Großknecht hervortat und ganz laut über den Tisch rief: »Ah geh, Bauer! Wen willst du denn schrecken mit deinen alten Weibergeschichten? An so etwas glaubt doch heute keiner mehr!«

Am Tisch zuckten alle ein wenig zusammen. Mucksmäuschenstill war es auf einmal geworden. So etwas war man nicht gewohnt, dass einer von den Bediensteten es wagte, die Stimme gegen seinen Herren zu erheben. Auch dem Bauern stieg vor Wut gleich die Röte ins Gesicht und seine Augen begannen gefährlich zu funkeln. Der Großknecht in seiner herrischen Art war ihm schon lange ein Dorn im Auge. Schon oft hatte er es bedauert, ihn eingestellt zu haben, besonders, nachdem ihm aufgefallen war, dass er seiner Tochter, dem Annerl, gar schöne Augen machte. Lieber heut' als morgen, hätte er ihn rausgeworfen, diesen Habenichts – aber, bis Lichtmess musste er ihn behalten, ob er wollte oder nicht, denn vorher würde er keinen brauchbaren Knecht mehr bekommen. Denn trotz aller Großmäuligkeit, arbeiten konnte er, das musste man ihm lassen.

»Ach, da schau her!«, raunzte er. »Was fällt denn dir ein du Hungerleider? Nicht nur, dass du offenbar nicht weißt, was die Jenseitigen in solchen Nächten alles anrichten können, du zweifelst also auch an meinem Wort?«

»Ich zweifel nicht daran, dass du selbst all diesen Unfug glaubst. Was ich anzweifel ist, dass es diesen ganzen Raunachtsspuk überhaupt gibt. Das sind doch nur Geschichten, die alte Weiber in den Spinnstuben erzählen.«

Jetzt war der Bauer aufgesprungen: »Ja, ja, solche wie dich hab ich gern! Das Maul aufreißen und alles besser wissen. Aber wenn's dann ernst wird, dann habt's ihr immer die Hosen voll, gell?«

»Ich war noch nie ein Feigling! Und wenn du es nicht glaubst, Bauer, dann stell mich halt auf die Probe!«

»Das kannst du haben! Von mir aus gilt es! Wenn du heute Nacht noch tust, was ich dir sage, dann lass ich vielleicht wegen der Anna noch mit mir reden.« Der Bauer hatte sich jetzt so in Rage geredet, dass er gar nicht mehr überlegte, was er von sich gab. Aber er war sich sicher, dass der Andere ohnehin den Kürzeren ziehen würde.

»Von mir aus gilt es auch!«, entgegnete da aber der Knecht und hielt dem Bauern die Hand hin. »Schlag ein! Was immer du verlangst, ich mach es!«

»Also gut! Ausgemacht! Ich verlang' nicht mehr von dir, als dass du auf meine Almhütte gehst und mir von dort oben den Milchseiher holst, der im Sommer liegengeblieben ist!«

»Wenn's weiter nichts ist.« Der Knecht nahm sich seine Lodenjacke vom Haken und ehe irgend einer der Männer ihn noch warnen konnte, war er schon auf dem Weg zur Alm hinauf.

Es war eine mondhelle Nacht, am Himmel über ihm glitzerten tausend Sterne, das harschige Schneebrett knirschte unter dem schweren Tritt seiner Stiefel und so kam er gut voran. Das Wetter war auf seiner Seite. Höher und höher stieg er und er war guter Dinge, dass er sein Ziel bald erreicht haben würde.

Auf einmal jedoch, er war schon eine Weile unterwegs, schreckte er zusammen. Direkt vor ihm stand, wie aus dem Nichts, auf einmal ein fremder Jäger – ohne, dass er einen einzigen Laut gehört oder vor sich auch nur annähernd eine Gestalt wahrgenommen hätte. Dabei schien der Mond hell und klar vom Himmel herab und beleuchtete den Weg fast wie eine Laterne.

»Wohin gehst du denn noch heute Nacht?«, fragte der Fremde und seine Stimme klang so rau und heiser, dass es den Knecht direkt ein wenig fröstelte.

»Ich muss noch zur Alm rauf. Für den Bauern was holen«, antwortete er knapp, denn mehr wollte er dem Fremden von seinem Vorhaben gar nicht erzählen.

Der Jäger stand jetzt so nah, dass der Knecht ihm direkt in sein halb unter einem dunkelgrünen Filzhut verborgenes, mit tiefen Falten und Runzeln durchzogenes Gesicht sehen konnte. Es war umrahmt von einem langen graumelierten Bart, über seinen schwarzen Augen thronten ein paar dichte Brauen, die aussahen, wie Gewitterwolken.

»So, so«, brummte er, »zur Alm. Das trifft sich ja gut. Vielleicht magst du mir ja einen Gefallen tun? Dort droben, gleich hinter dem Waldstück, da wo die drei Tannen stehen, das kannst du gar nicht übersehen, da ist meine Hütte. Gleich hinter der Tür, liegt ein Stapel Gamsfelle. Ich hab vergessen, sie zu wenden. Geh doch rein und mach das für mich, damit sie mir nicht verderben – dann spar ich mir den Weg zurück. Neben den Häuten auf dem Boden findest du dann auch eine Belohnung, die kannst' dir gerne mitnehmen! Und grüß mir die Nachtsennerin, wenn Du auf deiner Alm bist!« Als er das sagte, lachte er laut und, wie es dem Knecht schien, fast ein wenig gehässig.

Obwohl ihm der Jäger irgendwie unheimlich war, versprach er aber, nach den Fellen zu sehen. So nahmen sie Abschied und jeder von ihnen ging wieder seiner Wege. Der eine stieg hinauf und der andere hinab.

Aber während der Knecht so ging, sinnierte er darüber nach, was der Jäger wohl gemeint hatte mit der »Nachtsennerin«. »Seltsam«, dachte er. »Ich hab ja auch noch nie etwas von einer Baumgruppe mit drei Tannen gesehen oder gehört.« Er war diesen Weg hier schon oft gegangen, aber auch an eine Jagdhütte konnte er sich beim besten Willen nicht erinnern.

Umso erstaunter war er, als er nach einer guten Stunde vor sich im Mondlicht tatsächlich die schemenhaften Umrisse dreier Tannen und einer kleinen Jagdhütte sah. »Na, ja«, dachte er, »vielleicht war ich ja immer so in Gedanken, dass ich die nie gesehen hab'?«

Er ging also darauf zu, öffnete die Türe und genau wie der Jäger es gesagt hatte, lagen dahinter, aufeinandergestapelt auf einen Haufen, unzählige Gamshäute. Wie versprochen, drehte er sie um und wollte gerade wieder gehen, als ihm die zugesagte Belohnung plötzlich wieder in den Sinn kam. Er sah sich um, aber da war nichts – nur ein paar alte, trockene Tannenzapfen. »Schöne Belohnung«, schimpfte der Knecht ein wenig grantig. Aber dann bückte er sich und steckte, mehr so zum Spaß, einen davon in seine Jackentasche.

Wenige Zeit später hatte er endlich sein Ziel erreicht. Er war schon ganz schön außer Atem und die Kälte drang ihm immer mehr in die Glieder, sodass er froh war, bald wieder den Heimweg antreten zu können. Nur schnell den Seiher nehmen und dann zurück. Wenn er sich ein wenig beeilte, war er in ein paar Stunden wieder auf dem Hof und dann sollte der Bauer sein Versprechen einlösen. Ein leises Lächeln huschte über seine Lippen, wenn er an das Annerl dachte und daran, dass es vielleicht doch noch was werden könnte, zwischen ihnen beiden.

Als er jetzt aber zur Alm hinkam, sah er mit Verwunderung, dass die kleine Holzhütte bewohnt war. Aus den winzigen Fenstern heraus, drang ein heller Feuerschein und aus dem Kamin stiegen kleine, weiße Rauchwolken.

Er trat vor die Türe, aber ehe er anklopfen konnte, wurde sie schon aufgerissen und eine Sennerin sprang wie eine Furie heraus. Die Haare standen ihr wild vom Kopf weg und aus ihrem wutverzerrten Gesicht leuchteten die Augen wie rotglühende Kohlen. Mit scharfen

Krallen packte sie ihn am Kragen seines Mantels und schrie ihn an: »Was willst du? Sag, was willst du?«

»Den Milchseiher für den Bauern«, entgegnete der Knecht, der trotz seines ersten Schreckens, recht ruhig geblieben war.

»Da hast' was dir zusteht!«, rief sie und schleuderte den Mann, der bestimmt einen Kopf größer war, als sie selber, mit einer nahezu überirdischen Kraft den Hang hinunter.

Hals über Kopf polterte der jetzt wieder den gesamten Berg hinab, den er gerade eben hinaufgestiegen war und es war ein schieres Wunder, dass er sich nicht alle Knochen gebrochen hatte, als er unten ankam.

Mühselig rappelte er sich wieder auf, schüttelte sich und schlug sich mit der Hand den Schnee von der Kleidung. »Einmal ist keinmal«, dachte er. Dann machte er sich noch einmal an den Aufstieg und klopfte einige Zeit später erneut an die Hüttentüre.

Aber wieder sprang die Sennerin heraus. Sie fauchte und spukte, packte ihn beim Kragen und ehe er sich's versah, flog er schon wieder im hohen Bogen fast bis hinterunter ins Tal.

Aber der Knecht war ein willensstarker Mann, wenn der sich einmal etwas in den Kopf gesetzt hatte, ließ er sich so leicht nicht davon abbringen. Also raffte er sich wieder auf und machte sich auf den Weg. »Aller guten Dinge sind drei!«, meinte er und schritt forsch voran.

Als er nun zum dritten Mal an die Hütte kam und die Türe sich öffnete, da rechnete er schon mit dem Schlimmsten. Aber auf einmal war die Sennerin wie ausgewechselt. Die Haare standen ihr nicht mehr wild vom Kopfe ab, sie war ordentlich frisiert, die Kleidung war sauber und aus ihren Augen sprühten keine roten Funken mehr. Adrett, freundlich und lächelnd bat sie ihn in die Hütte hinein, damit er sich nach seiner langen Wanderung am Feuer wärmen konnte.

Ohne, dass er sie noch einmal darum bitten musste, gab sie ihm gleich den Milchseiher. Dann setzte sie sich zu ihm und erzählte ihre Geschichte.

Viele Jahre, so sagte sie, sei sie Sennerin auf dieser Alm gewesen. Sommer für Sommer hatte sie hier auf dem Berg verbracht. Aber das Alleinsein hat ihr wohl aufs Gemüt geschlagen, sodass sie ihre Arbeit nicht mehr richtig getan hatte. Sie hatte das Vieh vernachlässigt, das verwahrloste, hungern musste und schließlich krank geworden sei. Zur Strafe dafür habe sie nach ihrem Tod keine Ruhe gefunden. Verflucht sei sie gewesen von der Hüterin allen Lebens. Deshalb hätte sie jeden Winter hier auf der Alm umgehen müssen, ohne Rast und Ruh. Dreimal, so lautete der Flucht, müsse ein schneidiger Bursch sich ihr stellen, dann wär sie erlöst. Und dieser Bursche sei er gewesen, sodass sie jetzt endlich ihren Seelenfrieden finden konnte.

»Ich danke dir!«, sagte sie noch und berührte ihn ganz sanft an der Hand. Dann auf einmal – wie durch einen Zauber - löste sie sich vor den Augen des Knechtes auf. Ihre Gestalt wurde immer bleicher und durchsichtiger, bis sie schließlich ganz und gar verschwunden war. Die Türe öffnete sich mit einem lauten Schlag und ein heftiger Windstoß fegte durch die Stube, fuhr in die Feuerstelle hinein, die Flammen loderten noch einmal auf, dann waren sie erloschen. Ganz still war es geworden, alles war dunkel und kalt und plötzlich sah es genauso aus, wie in jeder anderen Almhütte im Winter auch – unbewohnt und verlassen.

Lange brauchte der furchtlose Knecht nicht, um sich von dem Schrecken zu erholen. Bald darauf schon machte er sich an den Abstieg. Der Bauer und all die anderen Knechte staunten nicht schlecht, als er ihnen - noch ehe die Sonne aufging – den Milchseiher aus der Almhütte auf den Tisch legte.

Und noch viel mehr staunten sie, als er erzählte, was ihm widerfahren war. Als er jedoch von der Begegnung mit dem Jäger erzählte, da lachten sie alle und wollten ihm kein Wort mehr glauben, denn niemand konnte sich daran erinnern, dass es dort oben eine Baumgruppe mit drei Tannen, geschweige denn eine Jagdhütte gab.

Wie der Knecht aber nun in seine Manteltasche fuhr, um zum Beweis den Tannenzapfen herauszuholen, da hatte dieser sich unversehens in pures Gold verwandelt.

Er kam gar nicht mehr dazu, noch irgendein Sterbenswörtchen darüber zu verlieren, denn im nächsten Augenblick saß er schon mutterseelenallein in der Stube. Alle anderen – der Bauer voran – hatten sich ihre Jacken gegriffen und waren bereits auf dem Weg hinauf auf den Wallberg, um dort nach der Hütte des nächtlichen Jägers und den darin verborgenen Goldzapfen zu suchen.

Gefunden jedoch hat sie keiner - bis heute nicht, obwohl immer wieder – so wird erzählt – der eine oder andere schneidige Bursche während der Raunächte danach gesucht hatte.

Die Alm des Bauern blieb bis zum Sommer unbewohnt, dann kam eine neue Sennerin, eine recht fleißige und gute, die sich mit ganzem Herzen und ganzer Seele um das Wohl der Tiere kümmerte.

Der Knecht aber, der war nicht mehr lange Knecht auf des Bauern Hof. Im Jahr darauf schon hielt er Hochzeit mit dem Annerl und dem Bauern war er jetzt, da er mit seinem Goldschatz ein gemachter Mann war, als Schwiegersohn auch sehr willkommen.

Das Haus der Hel

In den Tagen der alten Zeit lebte einst ein mächtiger Herrscher. Seine Tochter Orla war ebenso schön, wie klug. Als sie alt genug war, einen Mann zu ehelichen, kamen die tapfersten und reichsten Heroen des Landes, um die Hand der Prinzessin zu erbitten. Jedoch Orla war sehr streng in ihrer Wahl. Keiner der jungen Edelmänner fand ihre Gnade. Der eine war ihr zu alt, der andere zu klein; der nächste war krumm gewachsen und wieder ein anderer besaß eine schnarrende Stimme, die Orla missfiel. So wies sie einen um den anderen der Freier ab.

Lange Zeit beobachtete der alte Herrscher dieses Treiben, bis ihm schließlich der Kragen platze: »Mein liebes Kind, jetzt ist es genug! Ich werde nicht von dieser Erde gehen, ohne das Lachen meiner Enkelkinder vernommen zu haben! Deshalb gebe ich dir noch eine letzte Frist bis zum großen Mitwinterfest. Wenn du bis dahin keine Wahl getroffen hast, wirst du den Mann nehmen müssen, den ich dir bestimme!«

Orla wusste, dass es ihrem Vater damit ernst war. Aber sie war nicht wählerisch aus einer Laune heraus. Sie war es, weil sie ihr Herz längst vergeben hatte. An Alan, den ebenso schönen, wie bitterarmen Alan, dem Gehilfen des Hufschmiedes, der nichts besaß, als nur ihre Liebe. Nur zu ihm wollte sie gehören. Aber sie wusste nur zu genau, dass ihr Vater einer Hochzeit mit einem Besitzlosen niemals zustimmen würde. Deshalb fasste sie einen Plan.

In einer kalten, klaren Winternacht, als alles im Palast tief und fest schlief, packte sie ein kleines Bündel, holte heimlich und still ein Pferd aus dem Stall und führte es unbemerkt aus dem Schlosshof hinaus. Als sie sich sicher war, dass niemand mehr das laute Klappern der Pferdehufe hören würde, bestieg sie den Sattel und ritt im wilden Galopp zur Hütte ihres Liebsten.

Seine wenigen Besitztümer waren bald gepackt. Das Pferd trug sie beide über vereiste Wege und weiß verschneite Felder hinweg. Die ganze Nacht hindurch ritten sie und als der Morgen graute, hörten sie hinter sich das wilde Kläffen und Bellen von Jagdhunden. Ihre Flucht war entdeckt und ihr Vater hatte ihnen Soldaten und Jäger hinterhergeschickt, um sie zu finden.

Immer näher und näher schienen sie zu kommen und es war eine Frage der Zeit, bis sie sie eingeholt hatten.

Rot wie Blut erhob sich die Sonne am Horizont, als sie schließlich an einen See gelangten, der so groß schien, wie das Meer. Orlas Atem stockte. Sollte ihr Weg in die Freiheit hier schon zu Ende sein?

In ihrer Not suchten sie Zuflucht in der bescheidenen Hütte eines Fischers und als der ihre Angst erkannte, erklärte er sich schnell bereit, ihnen im Tausch gegen das Pferd sein Fischerboot zu überlassen.

So fuhren Orla und Alan hinaus auf den See und trieben bereits, weit draußen im Auf und Ab der Wogen, als die Häscher den Strand erreichten.

Die Hunde, die ihre Fährte verloren hatten, jaulten und knurrten, steckten winselnd ihre Nasen in den Sand, um die Spur der Geflohenen wieder aufzunehmen – aber ohne Erfolg. Die beiden Liebenden waren entkommen. Die Soldaten zügelten ihre Pferde. Eine Weile ritten sie schimpfend und fluchend am Ufer auf und ab, ehe sie unverrichteter Dinge wieder zurück zu Orlas Vater zogen, um dem wütenden Herrscher von ihrem Misserfolg zu berichten.

Orla und Alan aber segelte immer weiter hinaus, bis sie schließlich inmitten des Sees eine kleine Insel entdeckten.

Hungrig, durstig und am Ende ihrer Kräfte fuhren sie darauf zu. Nachdem sie angelegt und das Boot sicher verstaut hatten, machten sie sich daran, die Insel zu erkunden. Sie folgten einem kleinen Hohlweg, der durch dicht gewachsene Büsche und hohe Bäume hindurch direkt zu einem kleinen Haus führte.

Vorsichtig und ein wenig ängstlich klopften sie an und als keine Antwort kam, drückten sie die Klinke hinunter und traten ein. Der Raum, den sie nun betraten, war ein wenig dunkel, aber gemütlich eingerichtet. Ein warmes Feuer prasselte im Kamin, dennoch schien niemand zuhause zu sein. Auf dem Tisch standen Schüsseln mit köstlich duftenden Speisen und Krüge voller Milch und Wein.

Eine Weile standen die beiden ratlos herum. Dann jedoch siegte der Hunger. Sie machten sich über das Essen her und nachdem sie satt waren, legten sie sich müde und erschöpft auf einem weichen Lager nieder und fielen sogleich in einen tiefen, traumlosen Schlaf.

Beim ersten Sonnenstrahl schon erwachten sie und machten sich sogleich auf die Suche nach den Bewohnern dieses gastlichen Hauses, aber sie konnten auf der ganzen Insel niemand finden.

So beschlossen sie zu bleiben. Kammern und Speise waren reich bestückt und sie litten keine Not. Das Frühjahr kam und Alan begann, die Felder zu bestellen, die ihnen am Ende des Sommers eine reiche Ernte schenkten.

In all den Wochen und Monaten, die sie auf der Insel verbrachten, kam nie jemand, der Anspruch auf den Besitz des Hauses erhob.

So lebte die beiden schon fast ein Jahr auf der Insel und immer noch hatte sich kein Besitzer dieses gastlichen Hauses gezeigt. Eines Abends jedoch, spät im Herbst, als sie nach getaner Arbeit ihre Stube betraten, saß zu ihrer Überraschung eine fremde Frau am Tisch. Hochgewachsen war sie, gekleidet in ein himmelblaues Gewand und um ihr Haupt leuchtete ein heller Schein, wie eine goldene Krone.

»Ich grüße euch!«, sprach sie mit sanfter Stimme. »Ich bin die Hel und mir gehört dieses Haus. Ihr beide seid mir als Gäste von Herzen willkommen, denn ihr habt alles hier so sauber und rein gehalten. Dafür danke ich euch! Solange dies so ist, werdet ihr hier eine Heimat finden. Pflegt mein Haus und hütet es gut. Aber ich habe eine Bitte: An Mitwinter feiern die kleinen Leute ihr Julfest. In dieser Nacht dürfen sie von keiner Menschenseele gestört werden. Deshalb müsst ihr diese Zeit versteckt auf dem Dachboden verbringen. Ihr dürft euch nicht bemerkbar machen und keinen Laut von euch geben und vor allem dürft ihr keinen einzigen Blick in diese Stube werfen. Sonst wird euch mein gerechter Zorn treffen und ihr müsst für immer von dieser Insel gehen.

Dürfen meine Freunde jedoch ungestört feiern, gehört das Haus mit all seinen Schätzen wieder euch, sobald das Fest vorüber ist.«

Mit diesen Worten erhob sie sich und verließ das Haus. Als Alan ihr nachlief, um zu sehen, wohin sie gegangen war, sah er nichts, als einen leeren Weg, ohne eine einzige Spur der hohen Frau.

So kam schließlich die Zeit des Mitwinterfestes. Mit besonderer Sorgfalt säuberten Orla und Alan das Haus. Nach getaner Arbeit zogen sie sich auf den Dachboden zurück und warteten gespannt auf den Abend.

Als draußen das letzte fahle Winterlicht erlosch, erstarb jedes Geräusch um sie herum. Immer stiller und dunkler wurde es, bis sie nichts anderes mehr hörten, als das Pochen ihrer eigenen Herzen.

Mit einem Mal aber begann sich unten in der kleinen Wohnstube etwas zu regen. Das Trabbeln unzähliger kleiner Füße war zu vernehmen, das Lachen und Lärmen vieler Stimmen und man hörte mehr und mehr, wie sich das Haus mit Leben füllte. Durch Luken und Spalten der hölzernen Decke flackerte der Schein unzähliger Kerzen und Laternen herauf und der verheißungsvolle Duft erlesenster Speisen erfüllte den Dachboden.

Allerlei wundersame Töne drangen von unten herauf. Man hörte das Klappern von Tellern und den hellen Klang kristallener Gläser, das Spiel von Harfen und Geigen – schöner noch als Glockenschall. Und nun hob auch ein Singen an, so betörend zart und fein, dass die beiden heimlichen Zuhörer von dem Zauber vollkommen gefangen waren. Sie hielten ganz still, aber sie spürten, wie ihre Neugierde mehr und mehr zunahm. Immer drängender wurde der Wunsch, auch nur einen einzigen Blick in die Stube zu werfen, immer lockender das Singen und Klingen.

Schließlich konnten sie einfach nicht mehr länger an sich halten. Sie beugten sich hinab und hoben mit größter Vorsicht die hölzerne Luke an, um einen kleinen Blick auf das Geschehen unter ihnen zu werfen.

Vor ihren Augen erhob sich ein nie gesehener Glanz. Kleine Männlein und Weiblein in kostbaren Gewändern aus Seide und Brokat, in Schuhen mit silbernen Schnallen darauf, vollführten zierliche Schritte, wiegten sich zu einer wundersamen Musik im Tanze. In der Mitte der Stube stand eine Tafel, gedeckt mit feinstem

Tuch, silbernen Schalen und Schüsseln, Tellern aus kostbarem Porzellan, gefüllt mit den erlesensten Speisen. In Gläsern aus feinstem Kristall funkelte blutroter Wein und der Schein Hunderter Kerzen spiegelte sich darin.

Nicht einmal Orla, die doch in Reichtum und Überfluss aufgewachsen war, hatte solch eine Pracht jemals gesehen. Beide konnten vor Staunen nicht mehr an sich halten und waren vom Glanz des Geschehens so überwältigt, dass der jungen Frau ein plötzliches »Oh« entfuhr.

Ganz schnell schlug sie sich auf die Lippen, als könne sie den Ton, der ihr entwichen war, wieder zurückdrängen. Aber es war zu spät.

Ein Aufschrei ging durch die Gesellschaft. Erschrockene Blicke hoben sich zur Dachluke hinauf. Musik und Gesang verstummten und in wilder Panik verließen die Gäste Hals über Kopf das Haus.

Nach wenigen Augenblicke war die Stube verlassen, kein Laut war mehr zu hören, nichts, alles totenstill.

Erst am anderen Morgen wagten Orla und Alan sich ganz vorsichtig die kleine Stiege hinab, um zu sehen, was geschehen war. Es bot sich ihnen ein Bild der Verwüstung. Umgeworfene Stühle, Teller und Gläser, zerbrochen am Boden, die Kerzen erloschen, der rote Wein über die einst blütenweißen Tischtücher vergossen. Gläserne Harfen und goldene Geigen lagen achtlos herum und dazwischen winzige Zwergenschuhe, kleine Hütchen mit zarten Federn daran, auf der überhasteten Flucht verloren.

Auf dem Sessel vor dem erloschenen Kamin saß die Hel. Aber dieses Mal war sie nicht schön und freundlich. Ihr Körper war gebeugt, als wäre er gebrochen, das Gesicht durchzogen von unzähligen Falten und Runzeln und über ihre alten Wangen herab rannen, ohne Unterlass, Tränen der Verzweiflung.

»Was habt ihr getan? Habe ich euch nicht Unterkunft und Schutz gewährt? Nur eine Bitte hatte ich und ihr habt sie nicht gewährt. Ihr habt das Kleine Volk verjagt und es wird nie wieder hierher zurückkommen. Deshalb gibt es auch für euch hier keine Heimat mehr. Ihr müsst die Insel verlassen und dürft nie wieder auch nur einen Fuß auf sie setzen! Bis morgen früh habt ihr Zeit, eure Sachen zu packen. Wenn die Sonne aufgeht, muss das Haus geräumt sein!«

Während die Hel so sprach, blickt sie Orla und Alan an und in ihren Augen lag so eine unermessliche Trauer, dass beiden das Herz schwer wurde vor Schuld und Bedauern.

»Ich weiß auch«, sprach die hohe Frau jetzt weiter, »dass ihr es nicht in böser Absicht getan habt. Deshalb nehmt dieses letzte Geschenk von mir. Es wird euch vor Armut und Not bewahren!« Dann erhob sie sich, nahm einen kleinen Beutel aus silbernen Brokat aus ihrer Tasche und legte ihn, ehe sie, ohne ein weiteres Wort, das Haus verließ, auf den Tisch.

So packten Orla und Alan stumm ihr weniges Hab und Gut und warteten auf die kommende Nacht. Noch ehe der Morgen dämmerte, bestiegen sie ihr kleines Boot und segelten zurück in die alte Heimat.

Das Geschenk, das die Hel ihnen hinterlassen hatte, barg tatsächlich einen geheimen Zauber. Jedes Mal nämlich, wenn einer von ihnen in das Täschlein griff, fand er eine Goldmünze darin. So söhnte sich, nun auch Orlas Vater, da er nicht mehr arm und besitzlos war, mit Alan als Schwiegersohn aus.

Dennoch wurden die beiden nicht mehr glücklich. Denn der Kummer über ihr Tun und die Sehnsucht nach dem Haus der Hel ließ sie nie mehr los und brannte, so lange sie lebten, wie eine lodernde Flamme in ihren Herzen.

Knecht Ruptrecht

Vor vielen, vielen Jahren war es, als in den dunklen Nächten der zeitlosen Zeit die wilde Jagd mit viel Lärm und Getöse über den mitternächtlichen Himmel zog. Vorne weg ritt der schwarze Jäger mit seinen finsteren Gesellen und inmitten dieser Jagd fuhr ein Wagen, auf dem sie selbst saß, die hohe Frau Percht, die ewige Spinnerin, eingehüllt in einen warmen, blauen Mantel. Über den Rücken herab fiel in dicken Flechten ihr langes, dichtes Haar und in der Hand, da hielt sie – wie zum Segen erhoben – ihren goldenen Spinnrocken.

Mit einem Mal aber geschah es, dass eines der Pferde sein Hufeisen verlor, so blieb dem Reiter nichts anderes übrig, als auf die Erde hinabzufahren, um sich auf die Suche nach einem Hufschmied zu machen.

Lange wanderte er durch kahle, schneeverwehte Lande, bis er schließlich zu einem Waldrand kam. Dort, in einer kleinen, bescheidenen Hütte lebte eine arme Witwe, die mehr schlecht als recht versuchte, sich selbst und ihre drei kleinen Kinder am Leben zu erhalten. Scheune und Speisekammer wiesen nicht viel auf und die alte, magere Ziege mochte kaum etwas Milch geben. Dennoch lud die Frau den Fremden ein, waren ihr doch die Gesetze der Gastfreundschaft heilig – auch, wenn er ihr recht finster erschien, in seinem schwarzen Pelzmantel und dem dunklen, bartverhangenem, von Wind und Wetter gegerbten Gesicht.

Der Fremde ließ sich nicht lange bitten, setzte sich an den Tisch und labte sich an Brot, Milch und Nüssen und allem, was die Frau ihm sonst noch gab, schien er doch nicht zu wissen, dass alles, was er aß, die hungrigen Bäuche der Kinder nicht mehr zu füllen vermochte.

Als er gesättigt war, legte er sich auf der Bank zurück, schloss die Augen und versuchte ein wenig zu schlafen.

Die Witwe aber stellte nun ein kleines Kerzlein auf den Tisch, dessen Licht flackernd durch seine Lider fuhr. Nach seiner langen Nachtwanderung waren die Augen des Fremden empfindlich und er brummte: »Lösch das! Ich kann nicht schlafen!«

»Löschen kann ich es nicht! Es ist das Licht für unsere hohe Frau, damit sie sieht, dass der Winter vergeht und die Sonne wieder scheint.«

Dagegen wagte der Mann nichts zu sagen und so drehte er sich ein wenig auf die Seite. Aber als er gerade wieder anfing zu schnarchen, da erhoben sich plötzlich die zarten Stimmen der Kinder und stimmten ein Lied zur Weihenacht an.

»Seid still!«, verlangte er rau. »Seht ihr nicht, dass ich müde bin?«

»Das sehen wir wohl«, sagte die Frau, obwohl ihr ganz bange war, vor lauter Furcht. »Aber hörst du nicht, dass es ein Lied ist zu Ehren der hohen Frau Percht? Wie fände sie denn den Weg hierher zum Licht, wenn sie die Stimmen der Kinder nicht riefen?«

Da brummte der Schwarze wieder, zog seine Pelzmütze tiefer über die Ohren, aber er sagte nichts.

Bald darauf aber, erhob sich die Frau und öffnete die Türe einen kleinen Spalt, durch den aber sogleich die eisige Winterluft strömte und Schneeflocken einen wirbelnden Tanz durch die Stube vollzogen.

»Was fällt dir ein?« Der Fremde fuhr von der Bank auf, »siehst du nicht, dass ich hier liege und friere?«

»Ich sehe es wohl«, meinte die Frau daraufhin. »Aber wie soll die heilige Frau die Stimmen der Kinder denn vernehmen und ihren Weg hierher zum Licht finden, wenn wir ihr die Türen unserer Hütten nicht öffnen?«

Kaum hatte sie das gesagt, da legte sich draußen mit einem Mal der Wind. Totenstill war es für einen Moment geworden, die Wolkendecke riss auf und tausend Sterne glitzerten am Himmel wie unzählige Diamanten. Dann plötzlich erhob sich leiser Glockenklang und in einem hellen, gleißenden Schein aus silbernem Licht, erschien nun eine Frauengestalt, eingehüllt in einen himmelblauen Mantel, das dichte Haar fiel in dicken Flechten über ihren Rücken herab, in der Hand hielt sie eine goldene Spindel.

»Auf einem Haus, in dem man mit Gastfreundschaft, Licht und Gesang meiner gedenkt, soll immer ein besonderer Segen ruhen!«, sprach sie mit sanfter Stimme.

Dann trat sie ein, stellte sich vor den Fremden und fragte nach seinem Namen.

»Ruprecht, Euch zu Diensten, hohe Herrin«, antwortete er und seine Stimme zitterte ein wenig, beim Anblick ihrer Erscheinung.

»Zu Diensten kannst du mir sein!«, sprach sie. »Also höre, was ich dir befehle, mein lieber Knecht: Nicht länger sollst du ein wilder Reiter sein! Bleib hier auf Erden und mach dich in der Winterzeit für mich auf die Suche nach den Guten, nach denen, die singen und ihr Licht spenden in der finsteren Nacht.«

Und so geschah es: Seither zieht in den dunklen Nächten Knecht Ruprecht durch die Lande und beschenkt all jene, die guten Herzens sind mit Äpfel, Nüss und Mandelstern. Diejenigen aber, die besserwisserisch, übellaunig und selbstsüchtig sind, lässt er seine Rute spüren, denn wer einmal ein finsterer Reiter war, der fackelt nicht lange ...

Der verschwundene Knecht

Beim Birknerbauer saß einmal die alte Großmutter draußen vor dem Hof auf dem hölzernen Bankerl, als ich vorüberging. Sie grüßte recht freundlich und so setzte ich mich zu ihr. Die Alte war wohl recht froh über ein wenig Gesellschaft, denn bald schon fing sie an, mir Geschichten zu erzählen – all die Geschichten aus der guten alten Zeit, die bei näherem Hinhören meist gar nicht so gut war, wie man meinen könnte.

Sie hat mir viel erzählt, die Alte, von den harten Tagen der früheren Jahre, von der Kriegszeit, von alten Bräuchen und Sitten, vom Wirken der Jenseitigen und der guten und bösen Geister und all dem, was man damals so getan hat, um sich die »Entrischen« auch geneigt zu machen. So sind wir irgendwann auch auf die Raunächte zu sprechen gekommen und darauf, dass die Menschen früher sehr viel mehr darauf geachtet haben, die Gebote der hohen Frau Percht einzuhalten und sich vor dem Treiben der Wilden Jagd zu schützen.

»Weißt'«, hat sie gesagt, »ich glaub, dass es ja den Leuten früher, als sie noch nicht so viel hatten, sehr viel leichter gefallen ist, zu teilen, als heute, wo die meisten doch so im Überfluss leben. Vielleicht gibt man ja lieber, wenn man selbst nicht so viel hat und oftmals froh darum sein muss, wenn auch dir ein anderer hilft.«

Plötzlich, da hat sie meine Hände genommen, sie ganz fest gedrückt und mir direkt ins Gesicht geblickt. Ihre Augen bekamen mit einem Mal so einen leicht rötlichen Schimmer, sodass sie fast aussahen, wie die dunklen Knopfaugen eines Wiesels, während sie weiter sprach:

»Ich weiß schon, dass ihr jungen Leut' an so was nicht mehr glaubt's. Aber hier auf dem Hof ist vor vielen Jahren einmal eine ganz seltsame Geschichte passiert. Damals, es war in der Zeit, als meine Großeltern den Hof noch bewirtschaftet hatten, da waren sie mit dem Pferdewagen in der Heiligen Nacht hinunter ins Dorf zur Christmette gefahren. In diesen Jahren, da trieb sich allerlei Gesindel herum, fahrendes Volk und Hausierer – alles, womit wir nicht gerne zu tun hatten. Wir waren ja die Sesshaften, denen der Grund und Boden gehörte und hielten uns allein schon deshalb immer für etwas Besseres.

Knecht und Magd, so war es üblich, sind in so einer Nacht zurückgeblieben, um auf den Hof zu schauen, damit nichts wegkam. Aber noch viel wichtiger war es, darauf zu achten, dass die wilde Jagd nicht durchziehen mochte und die Geistwesen keinen Schaden anrichten konnten. Wir wussten ja alle, dass in den dunklen Nächten ein besonderer Zauber herrschte, da konnte Gutes und Böses geschehen, weshalb man immer auf der Hut sein musste.

Die beiden sassen also in der guten Stube, während draußen der kalte Winterwind winselnd und fauchend um den Hof fuhr und die Schneeflocken in einem wirbelnden Tanz vor sich hertrieb. Im Ofen prasselte das Feuer, es war warm und gemütlich, aber ihnen schien es, als wolle die Zeit bis zur Heimkunft der Hofleute gar nicht vergehen. Die Zeiger der großen Wanduhr bewegten sich mit unendlicher Langsamkeit, gleichmäßig tickend voran. Die schweren Gewichte an den langen Pendeln schaukelten hin und her und dennoch schien die Nacht kein Ende zu nehmen. Wo nur die Bauersleut' blieben? Aber wahrscheinlich hatten sie sich entschlossen, bei dem harschen Wetter lieber bei der Verwandtschaft zu schlafen und erst morgen Früh wieder zurückzukommen. Mit einem Mal aber – der Knecht sah gerade durch das verschneite Fenster nach draußen, da legte sich der Sturm, wie durch Geisterhand, die Wolkendecke lichtete sich und der Mond schien voll und rund auf das weiße Schneefeld und ließ es leuchten, wie mit feinem Gold bestäubt. Und mitten in diesem Glanz stand, ganz still und scheu, ein kleines, zartes Reh. Es hob den Kopf und blickte dem Knecht da drinnen direkt in die Augen. Der sprang sofort auf. Die Lust aufs Töten hatte in gepackt. Er griff sich die geladene Büchse, die neben der Uhr an der hölzernen

Wand hing und lief, ohne sich Mantel oder Stiefel anzuziehen, auf die Haustüre zu.

›Wo willst' denn hin?‹, rief die Magd ihm noch nach. ›Bist du narrisch! Es ist Raunacht, da darfst' doch kein Tier schießen!‹

Aber der Knecht war so ergriffen von seiner Jagdgier, dass er nicht auf sie hörte und so riss er wortlos die Türe auf, lief ein Stück über den Hof und als er nahe genug heran war, legte er gleich auf das unschuldige Tier an.

Aber genau in dem Augenblick, als der den Abzug drücken wollte, da entdeckte er neben dem Reh ein zweites und dann ein drittes und so ging das fort. Immer mehr Rehe erschienen vor ihm, sodass er plötzlich nichts anderes mehr sah, als Reh an Reh – vor ihm und hinter ihm – rundherum – und alle starrten ihn unverwandt aus ihren dunkel glänzenden Augen an.

In diesem Moment, da fiel es ihm selber wieder siedendheiß ein und jetzt wurde er auch gewahr, was die Magd ihm nachgerufen hatte: ›Es ist Raunacht!‹ Mit einem Mal erinnerte er sich wieder, dass es nicht im Sinne der hohen Frau war, in diesen Heiligen Nächten eines ihrer schutzbefohlenen Wesen zu töten. So schnell er konnte, wandte er sich um und wollte zurück ins sichere Haus laufen, aber vor lauter schnell rutschte er aus seinem Holzschlappen heraus, der im dichten Schnee stecken blieb.

Und dieser Schuh, der war am Ende das Einzige, was von dem Knecht noch zu finden war. Von ihm selbst blieb kein Knopf und kein Haar mehr zurück. Nicht einmal mehr die Jagdbüchse des Bauern. So sehr man auch am nächsten Tag nach ihm gesucht hatte, der Mann war und blieb verschwunden. Wäre die Magd damals nicht Zeuge gewesen, hätte auch niemand erfahren, wie es mit seinem Verschwinden zugegangen war. Aber so wussten wir, dass es die Percht oder vielmehr die wilde Jagd war, die ihn mitgenommen hat, in die jenseitige Welt und, dass er dort wohl büßen hat müssen für seinen Frevel. Die Magd, die hat diese Geschichte jedes Jahr während der Raunächte erzählt und glaub mir, so wahr ich hier sitze, ich selbst hab sie noch gehört, als ich ein kleines Mädchen war!«

Wilde Schifffahrt auf dem Inn

Der Schorsch war ein junger Kerl, der vor langer Zeit am Inn lebte. Er war der einzige Sohn eines Schiffbauers, der sich mit viel Fleiß und Ausdauer einen bescheidenen Wohlstand erarbeitet hatte. Die Mutter war schon gestorben, als der Schorsch noch sehr klein war und so war das vielleicht der Grund, warum der Vater ihm immer ein wenig zu viel nachsah. »Der Bub wird schon noch werden«, so sagte er immer nur, wenn die Leute ihm zutrugen, dass der Schorsch keine Wirtshausrauferei ausließ oder schon wieder einmal das Herz eines jungen Mädchens gebrochen hatte.

Aber irgendwie hatte es den Anschein, als ob der Schorsch nicht so richtig werden wollte. Zumindest wollte er nichts davon wissen, beim Vater richtig mitzuarbeiten, ein gegebenes Verlobungsversprechen zu halten oder ab und zu auch einmal eine Maß Bier oder eine Flasche Schnaps stehen zu lassen.

»Wenn der Alte irgendwann einmal die Augen für immer schließt, wird der Schorsch das Erbe durchgebracht haben, ehe die Leiche kalt ist.« So redeten die Leute. Aber den Schorsch kümmerte das nicht. Zumindest nicht nach außen hin. Er war ja im Grunde seines Herzens kein schlechter Kerl. Aber er war halt auch keiner, der sich um die Pflichten und Lasten des

Lebens groß kümmerte. »Warum soll ich meine Jugendzeit mit Arbeit vergeuden, wenn das Leben doch so schön ist?«, dachte er sich.

Insgeheim jedoch, da träumte er schon davon, dass er einmal allen so richtig zeigen würde, was in ihm steckte. Eines Tages, da würde er, der Schorsch, hinaus in die weite Welt gehen und die anderen, die würden erst wieder von ihm hören, wenn er große Verdienste errungen hätte oder steinreich geworden wäre. Jedes Mal, wenn der Schorsch im Wirtshaus schon ein wenig über den Durst getrunken hatte, dann erzählte er jedem, ob er es hören wollte oder nicht, von seinen großen Träumen. So kam es, dass ihn im Lauf der Zeit niemand mehr so richtig ernst nahm. »Ist schon Recht, Schorsch«, hieß es dann. »Red' nur! Aber jetzt trinken wir erst noch mal eine Maß!«

Genauso war das auch an diesem besonderen Abend im Winter. Es war ein, zwei Tage nach Weihnachten. Der Schorsch hatte wieder einmal tüchtig getrunken, wie seine Saufkumpane auch und wie so oft, führte ihnen allen bald schon der Rausch das Mundwerk: »Ihr werdet es schon noch sehen!« Der Schorsch lallte bereits ein wenig. »Irgendwann bin ich weg und dann schick ich euch ein Telegramm aus Amerika oder Afrika oder sonst wo her. Da werdet Ihr schau'n! Aber jetzt geh ich erst mal heim und schlaf mich aus!«

»Ja, ja, Schorsch, das wissen wir jetzt schon! Irgendwann! Haha! Jetzt pass aber bloß auf, dass dich die wilde Schifffahrt nicht mitnimmt. Dann bist schneller fort, als du glaubst. Es ist Raunacht!«

Die Männer im Wirtshaus lachten noch und klopften sich vor Freude auf die Schenkel, als der Schorsch sich seinen Lodenmantel griff und durch die Türe hinaus torkelte.

Es war eine kalte, feuchte Nacht. Weiße Nebelschwaden stiegen aus den Fluten des Inns auf. Eine bleiche Mondsichel schickte ab und zu ihr fahles Licht durch aufgerissene Wolkenfetzen hindurch. Den Schorsch fröstelte. Er zog die Schultern hoch, steckte seine Hände etwas tiefer in die Taschen und ging ein wenig schneller. Er war ja schon oft diesen Weg am Ufer entlang vom Wirtshaus bis zum Anwesen seines Vaters gegangen. Aber jetzt erschien ihm alles irgendwie besonders unheimlich. Eine seltsame Stimmung war das heute Nacht. Vom Fluss herauf gluckste und gurgelte es. Der Nebel war jetzt so dicht, dass der nächtliche Wanderer kaum mehr die Hand vor Augen sah.

Plötzlich schien es ihm, als höre er Geräusche und Stimmen aus den milchigen Schwaden heraus, als ob dort ein Schiff fahren und jemand Befehle rufen würde. Im Näherkommen lichtete sich der Nebel jetzt mehr und mehr, löste sich nach und nach auf und was der Schorsch jetzt sah, ließ ihn fast an seinem Verstand zweifeln. Das konnte doch nicht sein! So viel hatte er doch nun wirklich nicht getrunken. Er schüttelte den Kopf, blinzelte mit den Augen. Aber tatsächlich, er hatte sich nicht getäuscht. Direkt vor ihm auf dem Fluss lag ein großes Schiff, von dem aus ein hölzerner Steg ans Ufer gelegt war. Und von dort aus wanderte ein langer Zug von Männern, gehüllt in dunkle Umhänge, mit schweren Säcken auf ihren Rücken auf das Schiff hinauf. Still und stumm schritt die Prozession über die schmale Holzplanke und einer nach dem anderen verschwand im Inneren des Schiffes. Licht drang durch kleine Luken nach draußen und Schorsch hörte das Reden und Lachen von tiefen Männerstimmen und im Hintergrund das lustige Spiel eines Akkordeons.

Was ging hier bloß vor sich?

Er war jetzt ganz dicht herangekommen, stand direkt hinter einem der Männer, der sich ebenfalls gerade anschickte, die Planke zu betreten. Schorsch hob die Hand und tippte ihm mit dem Finger auf die

Schulter: »Was macht ihr denn da? Was ist denn das für ein Schiff?«

»Wir heuern an«, entgegnete der Fremde. Seine Stimme klang heiser, fast flüsterte er. »Das Schiff fährt über die Donau zum Schwarzen Meer. Dort gibt es einen solchen Reichtum an den Küsten, das kannst du dir gar nicht vorstellen. Jeder, der einmal dort war, ist für sein Leben ein gemachter Mann. Mein Bruder hat von dort ganze Kisten mit Gold und Edelsteinen heimgebracht. Dort ist noch genug davon und es wartet nur darauf, dass es einer holt. Willst' nicht auch mitkommen?«

Dem Schorsch schlug das Herz vor Aufregung bis zum Hals. Sollte das die Gelegenheit sein, auf die er schon so lange gewartet hatte? Er hatte es ja immer schon gewusst. Jetzt war es also so weit. Das Glück war auf seiner Seite.

Ohne lange zu zögern oder auch nur einen Augenblick lang darüber nachzudenken, wie das Schiff und die ganzen fremden Männer in dieser einsamen Winternacht hierher gekommen waren, und wie seltsam die ganze Geschichte doch klang, tappte Schorsch nun hinter all den finsteren Gestalten den Steg hinauf.

Im Inneren des Schiffes brannten zwei, drei kleine Öllampen, in deren flackerndem Schein die Männer auf einer hölzernen Bank saßen, die an der Schiffswand entlang führte. Sie schwatzten und lachten, tranken Schnaps aus Flaschen, die von Hand zu Hand gingen und der eine oder andere von ihnen fiel mit rauer Stimme in die Melodie ein, die der Akkordeonspieler anstimmte. Alle hatten gute Laune und schienen sich auf das große Abenteuer, das vor ihnen lag, mächtig zu freuen. In der Mitte des Raumes befand sich ein Tisch an dem ein in einen schwarzen Kapuzenumhang gehüllter, alter Mann saß, in der Hand eine Feder, vor sich ebenfalls eine Flasche Schnaps, ein Tintenfass und ein Stapel mit Papieren. Er winkte einen nach dem anderen der Neuankömmlinge zu sich heran, schob ihnen eines der Pergamente hin, reichte ihnen die Feder und deutete mit seinem dürren Zeigefinger an die Stelle, an der die Unterschrift zu erfolgen hatte. »Da«, raunte er jedes Mal. »Da unterschreib', dann bist' dabei!«

Schließlich war die Reihe am Schorsch. Er trat näher an den Tisch heran, besah sich einen Moment lang das Papier, das ihm untergeschoben wurde. Aber so sehr er sich auch bemühte, er konnte nicht lesen, was darauf stand. Zwar sah er einige merkwürdige Zeichen und Lettern, aber keine Buchstaben, keine Worte, die er verstand, und wenn er glaubte, eine Zeile ausmachen zu können, verschwamm ihm alles vor den Augen.

»Jetzt mach schon!«, brummte der Alte unter seiner Kapuze hervor. »Da warten schon andere. Da! Setz' den Namen hin, aber ein bisserl rasch!«

Schorsch griff nach der Feder und setzte sie an die angedeutete Stelle am Papier. Aber genau in diesem Augenblick überfiel ihn ein recht seltsames Gefühl. Jetzt plötzlich kam ihm doch alles sehr merkwürdig vor. Er hob noch einmal den Kopf, sah sich um, versuchte, die Gesichter der Männer auf der Bank zu erkennen, und da schien es ihm so, als wäre er nur von verzerrten, scheußlichen Fratzen umgeben. Das Herz schlug dem Schorsch bis zum Hals. Er beugte sich hinab zu dem Alten vor sich auf dem Stuhl, riss ihm die Kapuze vom Kopf und da grinste ihm auch schon ein bleicher Totenschädel mit leeren Augenhöhlen entgegen. Die Hand, die eben noch auf das Papier gezeigt hatte, war nicht von Fleisch und Haut umschlossen, sondern nur ein dürres Knochengerüst. Um den Schorsch herum erhob sich nun ein Raunen und Heulen; lautes, böses Kichern erklang; das Akkordeon spielte einen wilden Hexentanz, immer schneller und schneller. Die Männer erhoben sich von der Bank und bewegten sich mit schlurfenden Geräuschen auf den Schorsch zu, dem das Blut nun fast in den Adern gefror. Er griff nach der Flasche und schwang sie drohend über seinem Kopf. Blitzschnell wandte er sich um und lief zur Tür. Mit einem Ruck riss er sie auf und wollte sich nach draußen stürzen, aber da griffen ihn schon gierig ausgestreckte Hände: »Da bleibst', du unterschreibst und fährst mit uns zum Schwarzen Meer! Das hast dir doch immer gewünscht – oder?«

Mit aller Kraft wehrte sich der Schorsch, trat mit den Füssen wild um sich, schlug auf unzählige Knochenhände ein, die ihn schon gepackt hatten, und riss sich wieder los. Irgendwie schaffte er es schließlich, nach draußen zu taumeln. Mit einem Satz sprang er über die Reling des Schiffes und noch ehe die eiskalten Wogen des Inns über ihm zusammenschlugen, schwanden ihm schon vor Entsetzen die Sinne.

Der Schorsch musste in dieser Nacht einen sehr wachen Schutzengel gehabt haben. Am anderen Morgen fanden ihn einige Burschen aus dem Dorf immer noch besinnungslos und tropfnass am Ufer liegend. Seine Hand umklammerte mit aller Kraft eine Flasche Selbstgebrannten.

So lange der Schorsch lebte, hat er nie einer Menschenseele von seiner unheimlichen Begegnung mit der wilden Schifffahrt in jener unseligen Raunacht erzählt. Aber seit dieser Zeit war er wie ausgewechselt. Nachdem er sich soweit wieder erholt hatte, fing er gleich an, im väterlichen Betrieb mitzuarbeiten, den er nach dem Tod seines Vaters in vorbildlicher Weise weiterführte. Er heiratete ein fesches, blondes Mädchen aus der Nachbarschaft, gründete eine Familie und machte von nun an und für alle Zeiten um jedes Wirtshaus einen weiten Bogen.

Der Wagner

Der Wagner von Kirchdorf war ein braver, aber etwas seltsamer Mann. Er machte sich nicht viel aus der Gesellschaft mit anderen. Das mag wohl auch der Grund gewesen sein, dass er an jenem Weihnachtsabend, als er zur Bescherung bei der Familie seiner Schwester im Nachbardorf eingeladen war, das eine oder andere Glas zu viel getrunken hatte. Es war schon sehr spät, als der Festschmaus zu Ende war und der Wagner sich auf den Weg nach Hause machen wollte.

»Geh«, meinte seine Schwester, »bleib doch! Du kannst auf dem Kanapee in der Stube schlafen. In so einer Nacht musst du doch nicht allein über die Felder laufen!«

Aber der Wagner, dem das Reden seines Schwagers eh schon auf die Nerven ging, war froh, wenn er endlich wieder alleine war, und wollte sich einfach nicht überreden lassen.

Er wusste um die Natur, er kannte die Pfade, die in dieser Jahreszeit aufgrund Eis oder Schneeverwehungen gefährlich waren, und er wusste um die Anfeindungen, die in den Raunächten einem nächtlichen Wanderer auflauern konnten. Aber vielleicht hatten das viele Bier und der eine oder andere Selbstgebrannte doch dazu geführt, dass er jetzt alle Warnungen in den Wind schlug und sich auf den Weg machte.

Es war eine klare, kalte Winternacht. Der volle Mond schien hell und freundlich auf seinem Weg, sodass er gut vorankam. Er war jetzt schon kurz vor seinem Dorf und wollte das letzte Stück zu seinem Haus ein wenig abkürzen und über das verschneite Feld laufen, das ihn jetzt noch von seinem Anwesen trennte.

Er hatte gerade die Straße verlassen und den ersten Fuß auf den Acker gesetzt, als sich plötzlich und völlig unerwartet der Himmel verdüsterte. Wolke um Wolke schob sich vor das eben noch so leuchtende Rund des Mondes und ein seltsamer Wind kam auf, der heulend und jammernd durch Büsche und Bäume fuhr. Ängstlich blickt der Wagner jetzt nach oben – aber er sah keine Wolken – er sah eine wilde Horde über den Himmel jagen, schwarze Gesellen, Rösser und Reiter, bellende Jagdhunde, springende Böcke, bucklige Katzen, krächzende Raben und Eulen mit weitem Flügelschlag. Und mitten unter ihnen ein Wagen, der sich jetzt immer weiter der Erde zuneigte. Auf diesem Wagen saß allerlei Gesindel, feixende Hexen und grinsende Teufel mit gebogenen Hörnern auf den Köpfen, manche von ihnen schwangen in ihren krallenartigen Händen gewundene Stöcke und stießen dabei wüste Flüche aus. Das ganze dämonische Gefährt kam jetzt immer näher und näher auf den Wagner zu.

Sein Herz schlug bis zum Halse. Nur zu genau wusste er, dass es sein Ende bedeuten würde, würde er aufrecht stehend in die Gewalt dieser Meute geraten. Deshalb warf er sich Hals über Kopf in die nächste Ackerfurche hinein, drückte das Gesicht in die gefrorene Erde und schlug die Hände schützend über seinem Haupt zusammen. Still und inbrünstig betete er, dass der Spuk ganz schnell wieder vergehen mochte.

Aber der Zauber war noch lange nicht vorbei.

Direkt neben dem Wagner stieß die Geisterfahrt jetzt auf den Boden nieder und der arme Mann konnte nun auch die Stimmen hören und verstehen, was die Gesellschaft rief. Verärgert waren sie, wütend und zornig, weil ihnen auf ihrer nächtlichen Fahrt ein Rad gebrochen war. Sie fluchten und schimpften so grob, wie der Wagner es sein Lebtag noch nicht gehört hatte.

Jetzt hatten sie aber auch schon seine liegende Gestalt im Acker entdeckt. »He! Du! Was versteckst dich da? Glaubst du vielleicht, wir sehen dich nicht? Uns kommt keiner aus!«

Mit Grauen hörte er, wie jetzt einige dieser bockfüßigen Gesellen vom Wagen sprangen und auf ihn zukamen. Auf einmal jaulte eine schrille, krächzende Stimme auf: »Ja sowas! Das ist ja der Wagner! Ja so ein Glück! Der muss uns jetzt das Rad richten!«

Und schon waren sie heran und schrien: »Geh weiter Wagner, steh auf! Du musst uns helfen!« Sie packten ihn links und rechts mir ihren dürren, gebogenen Krallenfingern, stellten ihn auf die Füße und zogen ihn mit aller Gewalt zum Wagen rüber.

Der arme Kerl wusste genau, dass es sein Ende bedeuten würde, wenn er sich jetzt widersetzte. Und so fing er in Windeseile an, die nötigen Arbeiten auszuführen. Und die Nachtwesen gingen ihm willig zur Hand, reichten ihm Nägel und Hammer, Feile und Ölkanne und alles, was er sonst noch an Werkzeug benötigte.

Schneller, als gedacht war so das Rad wieder geflickt und die Wilden begannen schon wieder vor Freude mit ihren Bockfüßen auf den Boden zu stampfen und laut zu johlen: »Gut hast du das gemacht, Wagner, sehr gut! Dafür sollst auch eine Belohnung bekommen. Sie bückten sich, hoben Säge- und Eisenspäne, die beim Arbeiten abgefallen waren, auf und stopfen sie lachten und greinend dem Wagner in seine Manteltaschen. »Da, hast'! Wagner, des ist der Lohn für deine Hilfe! Lass es dir gut gehen damit!«.

Dann stiegen sie kichernd und lachend auf ihren Wagen und fuhren mit lautem Hui und Poltern wieder in die Höhe. Als sie die Wolkendecke durchbrachen, erhob sich rundherum lautes Donnerkrachen und schwefelgelbe Blitze zuckten vom Himmel herab.

Genauso schnell, wie die ganze maledeite Teufelsbrut gekommen war, war sie nun auch wieder verschwunden.

Ehe der Wagner sich versah, stand er wieder völlig alleine auf dem Acker. Alles um ihn herum war still und verlassen. Die Wolkendecke riss auf und mit einem Mal schien wieder der volle, runde Mond herab, so friedlich und sanft, als wäre nichts geschehen. Der gute Mann brauchte ein wenig, um sich von dem Schreck zu erholen. Er putzte seinen Mantel ab und fuhr dabei in die Taschen, fühlte nach den Spänen, die ihm die Jenseitigen hineingestopft hatten und warf sie alle heraus. »Weg!«, dachte er. »Nur weg mit dem Teufelszeug und nichts wie heim.«

So schnell er konnte, lief er quer über das Feld zu seinem Haus, öffnete ebenso geschwind die Türe, wie er sie hinter sich wieder schloss. Und dann atmete er erst einmal auf. Er konnte es immer noch nicht fassen, dass er aus der ganzen Sache mit heiler Haut davon gekommen war. »Nie wieder!«, so schwor er sich. Nie mehr würde er in einer Raunacht jemals wieder auch nur einen Fuß vor die Türe setzen. Erleichtert zündete seine kleine Lampe an und fuhr mit der Hand noch einmal in seine Tasche, die sich plötzlich so seltsam schwer anfühlte. Als er sie wieder herauszog und sie gegen die kleine flackernde Flamme hielt, da glänzte es auf seiner Handfläche mit einem Mal vor purem Gold.

Jetzt wusste er auch, was die Geister mit seiner Belohnung gemeint hatten.

Sein Versprechen, in den Raunächten nicht mehr hinauszugehen, vergaß er genauso schnell, wie er jetzt wieder zurück auf den Acker lief, um den weggeworfenen Goldschatz zu suchen. Als er aber an die Stelle kam, war nichts mehr zu finden, der nächtliche Wind hatte die Späne längst in alle Himmelsrichtungen verstreut.

Das Totenglöcklein

»Willst' das Totenglöcklein läuten hören?« Die Stimme der alten Bäuerin klang wie rostiges Blech und hallte schrill und durchdringend durch das ganze Haus. Immer wieder: »Willst' das Totenglöcklein läuten hören?«

Katharina hätte sich am liebsten die Ohren zugehalten. Seit sie hier auf den Hof eingeheiratet hatte, verging keine Stunde, in der die Schwiegermutter ihr nicht das Leben schwer machte. Den ganzen Tag nörgelte sie an ihr herum. Nichts konnte sie ihr Recht machen. Es hatte fast schon den Anschein, als ob sie es einfach nicht ertragen konnte, dass ihr einziger Sohn eine Frau genommen hatte und sie selbst nun nicht mehr die wichtigste Person in seinem Leben war.

Jedoch, wenn man es genau nahm, war sie das noch immer. Denn egal, wie sehr die Altbäuerin Katharina auch immer schikanieren und beschimpfen mochte, niemals trat er für seine junge Ehefrau ein, gegen keinen noch so ungerechten Vorwurf verteidigte er sie und wenn sie sich bei ihm beklagte, drehte er sich einfach um und ging zum Dorfwirt. Er handhabte die Dinge genauso, wie es auch schon sein Vater getan hatte. Aus allem raus halten. Die Weiber werden das schon richten.

Diese Haltung kränkte Katharina und sie merkte selbst oft, dass ihr Widerstand gegen die Schwiegermutter im Grunde aus dem Zorn ihm gegenüber geboren war. Aber nicht nur das – sie litt darunter, dass sie nach fast drei Jahren Ehe noch immer kein Kind bekommen hatte. Wenn sie abends alleine in ihrer Schlafkammer lag und auf ihren Mann wartete, der wieder einmal viel zu lange im Wirtshaus saß, vergoss sie unzählige, bittere Tränen.

Bei Tage aber, im Beisein anderer, ließ sie sich nichts anmerken. Da tat sie stolz und geradeso, als würde es ihr nichts ausmachen. Besonders dann, wenn die Schwiegermutter ihr ständige Vorhaltungen und spitzzüngige Bemerkungen darüber machte, dass sie immer noch nicht für einen Hoferben gesorgt hatte.

So nahmen die Streitigkeiten auf dem Hof immer mehr zu und bald war es so, als würden die beiden Frauen sich nichts mehr schuldig bleiben. Wenn eine der anderen etwas antun konnte, dann tat sie es.

Der Alten war keine Arbeit und kein Tun der Jungen gut genug. Hatte sie gerade gekehrt, warf sie hinter dem Rücken Katharinas Streu auf den Boden, sie versalzte ihr das Essen auf dem Herd und verschüttete die Eimer mit dem Hühnerfutter.

Stellte die Altbäuerin, die noch an die alten Dinge glaubte, am Abend die Schälchen mit den Essensresten für das kleine Volk vor die Türe, dann leerte die Junge sie aus oder warf absichtlich schimmliges Brot und faule Eier hinein.

Deckte sie an Allerheiligen beim Abendbrottisch für die Verstorbenen mit, räumte Katharina wortlos Teller und Besteck wieder zurück in Kasten und Schubladen.

»Willst wohl das Totenglöcklein läuten hören?«, fragte die Alte immer wieder und dieser Satz hallte Tag und Nacht in Katharinas Ohren – jedoch sie wurde dadurch nicht einsichtig, sondern immer nur eigensinniger und verbitterter.

Ein heißer Zorn fraß an ihr, Tag und Nacht und so kam es, dass sie eines Tages, in der Zeit der Raunächte, draußen auf dem Hof einen Waschbottich aufstellte und trotz eisiger Kälte und Winterwind begann, die Wäsche zu waschen.

»Was machst du da? Weißt du nicht, dass Raunächte sind? Willst wohl das Totenglöcklein läuten hören?«, rief die Altbäuerin.

Katharina war es inzwischen schon egal, ob die Totenglocken erklingen sollten. Sie war so verzweifelt und wünschte sich selbst oft nichts sehnlicher, als den Tod. Aber noch viel größer war ihre Wut auf die Familie. Deshalb tauchte sie alles an Kleidungsstücken, was sie finden konnte, ob von ihrem Mann oder den Schwiegereltern, in die überschäumende Seifenlauge hinein. Mit frostroten Fingern schwenkte sie die Wäsche hin und her und hängte sie schließlich tropfnass nebeneinander auf die Leine.

»Dann soll euch halt alle der Wode holen!«, rief sie, ließ die Schwiegermutter einfach stehen und lief an ihr vorbei ins Haus zurück.

Als die Weihnachtszeit kam, waren alle im Haus aufs Bitterste zerstritten. Keiner sprach auch nur ein Wort mit dem anderen. Kein Gruß wurde gewechselt. Eine ungute Ruhe lag über allen Räumen und alle gingen sich, so gut sie konnten, aus dem Weg.

Der Schwiegervater und der Jungbauer verbrachten die meiste Zeit im Wirtshaus, die beiden Bäuerinnen taten so, als würden sie sich gar nicht sehen.

Als am Vorabend der Heiligen Nacht die Hofleute wie jedes Jahr ins Dorf zur Christmette fuhren, blieb die junge Bäuerin allein zurück. Niemand hatte sie gefragt und auch sie hat nichts dergleichen getan. Im Grunde war sie froh, dass sie endlich alleine war.

Als Stunde um Stunde verging, die flackernden Kerzen in der Stube fast heruntergebrannt und die Kirchenbesucher noch nicht zurückgekommen waren, wurde es ihr jedoch immer seltsamer und unheimlicher zumute.

Mitternacht war längst vorüber, draußen war inzwischen ein heftiger Schneesturm aufgezogen. Dichte, schwarze Wolken hielten den Mond gefangen und es heulte und jaulte um Haus und Hof herum, dass es zum Fürchten war.

Je weiter die Nacht voranschritt, umso größer wurde Katharinas Sorge. »Bestimmt sind sie im Ort bei den Verwandten geblieben, um das Wetter abzuwarten«, versuchte sie sich selbst zu trösten. Aber dennoch spürte sie, tief in ihrem Herzen, dass irgendetwas geschehen sein musste.

Was das war, erfuhr sie am nächsten Nachmittag, als der Pfarrer auf den Hof kam, um ihr zu erzählen, was sich zugetragen hatte. Eine Brücke war unter der schweren Last von Schnee und Eis zusammengebrochen. Durch das dichte Schneetreiben hatten die Bauersleut' die Gefahr wohl zu spät gesehen und waren samt Pferd und Schlitten in die Tiefen des reißenden Flusses gestürzt.

Da das Unglück erst am Weihnachtsmorgen entdeckt wurde, kam für die Familie jede Hilfe zu spät. Alle drei hatten sie in den eisigen Wogen den Tod gefunden.

So kam es, dass Katharina, kaum, dass die Feiertage vorüber waren, schwarz gekleidet und mit gesenktem Haupt, als letzte der Familie zum Klang der Totenglocke hinter den Särgen ihrer Angehörigen über den verschneiten Gottesacker schritt. Schwer war ihr dieser Gang und schwer war die Schuld, die auf ihr lastete.

Im darauffolgenden Jahr versuchte sie, so gut sie konnte, den Hof allein zu bestellen. Von früh bis spät arbeitete sie ohne Rast und Ruh. Keine Last schien ihr zu viel, keine Mühe zu schwer.

Aber nach vielen Monaten der Plage schien es so, als ob das Schicksal es doch noch einmal gut mit ihr meinen würde. Denn im Herbst, gerade, als das Laub rotgolden auf Bäumen und Wegen leuchtete, schenkte sie einem Kindlein das Leben. Für einen kurzen Augenblick war Katharina glücklich über dieses Vermächtnis ihres toten Mannes und die Erinnerung an eine Zeit, als ihre Liebe noch jung und unbeschwert gewesen war.

Jedoch, es war ein schwächliches, kränkliches Wesen, das das Licht der Welt erblickt hatte, das sich schwertat, bei jedem Atemzug, der sich rasselnd und keuchend durch seine kleinen Lungen zog. Nacht für Nacht saß die junge Bäuerin an der Wiege und betete still, dass es gesunden mochte. Aber als draußen die ersten Schneeflocken fielen und die Erde mit einem weißen Tuch bedeckten, schloss das Kindlein seine Augen und glitt sanft und still hinüber in eine andere Welt.

Und so musste Katharina, gerade, als die Raunächte sich wieder jährten, noch einmal das Totenglöcklein läuten hören.

Raunacht am Kreuzweg

In den alten Zeiten glaubte man, dass es während der zwölf Raunächte möglich sei, Verbindung mit der jenseitigen Welt aufzunehmen. In diesen Nächten, so sagte man, wären die Grenzen zwischen den Welten geöffnet und die entrischen Wesen würden, so man sie befrage, unsere Zukunft offenbaren.

Als besonders wichtige Losnächte galten die Thomasnacht, die Heilige Nacht, in der auch die Tiere der menschlichen Sprache mächtig wären, und die Nacht auf Heilig Drei Könige, die damals auch als die Perchtennacht bezeichnet wurde. Derartige Botschaften waren natürlich nicht immer nur glückverheißend, weshalb vorsichtigere oder gar ängstliche Naturen versuchten, sich durch entsprechenden Abwehrzauber vor unliebsamen Prophezeiungen und dämonischen Einflüssen zu schützen.

Andere aber, neugierigere Gesellen nutzten gerne diese Gelegenheiten, um derart übersinnliche Auskünfte zu ihrem Vorteil zu nutzen.

Natürlich aber gab es schon immer auch diejenigen, die gar nichts auf derlei Zauber gaben und immer nur von dem überzeugt waren, was die Schulweisheit ihnen glauben machte.

Zu ihnen gehörte ein reicher Bauer, der vor vielen Jahren in der Gegend am Inn lebte, ein boshafter und jähzorniger Kerl. Ihm war nichts heilig. Seine Frau hatte nichts zu lachen mit ihm, schon gar nicht, weil sie eine war, die gerne in der Stille lauschte, die nach innen schaute und die sich an die Gebote der Naturgeister hielt.

Tagtäglich stellte sie kleine Schüsseln, gefüllt mit allerlei Nahrhaftem, für das Kleine Volk an die Türschwelle und jedes Jahr um die Weihnachtszeit hielt sie Speis' und Trank für die Frau Percht und ihre seligen Heimchen bereit, sollte die hohe Frau einmal mit ihrem festlichen Zug am Hof vorüber fahren. Ja, nicht einmal im Traum wäre es ihr eingefallen, während der Raunächte Wäsche zu waschen oder gar nach draußen in den kalten Eiswind zu hängen – viel zu sehr fürchtete sie die bellenden Hunde des schwarzen Reiters und viel zu groß war ihre Angst, der Wode selbst würde ihrer habhaft werden.

»G'spinnertes Weiberleid, du mit deinem dummen Aberglauben!«, polterte der Bauer jedes Mal, wenn er sah, dass sie wieder mit einem Räucherpfandl von Kammer zu Kammer und sogar durch den Kuhstall zog, um die bösen Geister zu vertreiben. Und seine Wutanfälle, wenn er ihr vorwarf, sein Hab und Gut zu verschwenden, wenn sie die Schüsseln fürs Kleine Volk füllte, waren schier gar unbeschreiblich.

Ja, sie machte einiges mit, die junge Bäuerin mit dem alten Griesgram, zumal er es ihr auch nicht nachsehen konnte, wie gut sie mit den Tieren auf dem Hof umging. Für ihn war das alles nur Nutzvieh, das der Mehrung des eigenen Gewinnes zu dienen hatte und nichts weiter. Was ein Tier fühlte oder litt, war ihm völlig einerlei.

Für die junge Frau aber hatte jedes Lebewesen seine eigene Seele und so sprach sie mit dem Hofhund, den Katzen und den Kälbchen und tatsächlich schien es so, als würden die Kühe, seit sie auf dem Hof war, noch mehr Milch geben, als zu vor.

Das hätte der Bauer aber um nichts in der Welt zugegeben und so polterte und schimpfte er immer weiter, weil es ihm eh keiner recht machen konnte.

Manchmal, wenn die Bäuerin am Abend nach dem Melken im Stall saß und ihrer Lieblingskuh die Stirn streichelte, dann seufzte sie tief und schwer vor Kummer und dann dachte sie an den Johann. Ja, wie anders wäre wohl ihr Leben verlaufen, wenn sie ihm damals keinen Korb gegeben hätte.

Aber in der Zeit, da hatte sie freilich auch ein wenig ans Geld und an ihr Auskommen gedacht und es hatte ihr geschmeichelt, dass der reichste Bauer der ganzen Gegend um sie warb. Nun war es zu spät. Jetzt war sie

Bäuerin hier auf dem Hof und musste das Beste daraus machen.

Eines Abends im Winter, als sie gerade wieder einmal so gedankenverloren auf einem Heuballen saß und die Kuh mit ihrer warmen rauen Zunge über ihre Hand leckte, kam wutentbrannt der Bauer zur Stalltüre herein. Sie sah gleich an seinem hochroten Gesicht, dass er wieder ordentlich getrunken hatte. In der Hand hielt er ein kleines Schälchen mit wenigen Essensresten darin – kaum der Rede wert. Er aber brüllte aus Leibeskräften: »Da! Was ist das?« Und während er so schrie, hielt er ihr die Schüssel unters Gesicht. »Was ist das? Hab ich dir nicht schon hundert Mal gesagt, du sollst mein Zeug nicht verschwenden für deinen dummen Aberglauben! Du wirst wohl nie gescheiter – ha? Kein Wunder, dass aus den deinigen nie was geworden ist. Wenn ich das früher gewusst hätt', so eine hätt' ich mir nicht auf den Hof geholt!«

»Aber das ist kein Unsinn! Es ist doch für die Kleinen Leute, die tun doch auch was für uns. Merkst du denn das nicht, dass wir das denen zu verdanken haben, dass es uns immer besser geht?«

»Die Kleinen Leute – ha, dass ich nicht lach'! Das ist was für die Dummen, die an so was glauben! Uns geht es gut, weil ich so viel arbeite und nicht, weil uns irgendwer die Schlüsseln leer frisst.«

»Ich bitte dich, versündige dich nicht!«, sagte sie. »Du wirst noch Unglück über dich und den Hof bringen, wenn du so redest. Grad jetzt, während der Raunächte, darfst du so was nicht sagen!«

»Ach was – Raunächte! Du glaubst vielleicht auch noch den Schmarren mit den Prophezeiungen draußen am Kreuzweg – oder?«

»Ja, freilich glaub ich das. Warum auch nicht? Es haben ja schon genug Leute davon erzählt!«

»Ja, ja, was die Leute erzählen. Dir kann man ja alles auf die Nase binden, dummes Weib! Willst du denn gar nicht gescheiter werden? Ich werde dir beweisen, dass das alles nur Blödsinn ist. In der Nacht auf Heilig' Drei König, da geh ich selber raus auf die Kreuzung und nimm einen Spiegel mit, dann werden wir ja sehen, dass gar nichts dabei raus kommt. Und wenn du dich traust, dann kannst ja mitgehen!«

Was immer die Frau auch in den nächsten Tagen unternahm, um ihren Mann von seinem unglückseligen Plan abzubringen, es zeigte keinen Erfolg. Der Bauer hatte es sich in den Kopf gesetzt und so ließ er es sich nicht mehr ausreden. Die Feiertage zogen in banger Erwartung vorüber. Und schließlich brach der 5. Januar an. Den ganzen Tag über aß und trank der Bauer nichts, wusch sich nicht und machte vor allem auch kein Kreuzzeichen, denn alles das, hätte den Zauber ja von vornherein zerschlagen können und da wollte er sich nichts nachsagen lassen. Die Frau beobachtete wortlos sein Treiben, ging dann in den Stall hinaus und füllte ein kleines Säckchen mit Heu.

Als es Nacht wurde, zogen die beiden ihre Mäntel an. Die Frau nahm das Heusäckchen an sich, worauf er mit einem spöttischen Lächeln um die Lippen brummelte: »Kannst es nicht lassen, was? Aber heute Nacht wirst du schon sehen, dass das alles nur Aberglaube ist! Dann will ich aber keine Schälchen mehr an der Türschwelle stehen sehen und wehe dir, du gehst noch einmal mit einem Räucherpfandl durch das Haus!« Dann steckte er einen kleinen, silbernen Spiegel in seine Westentasche. Als es von der Kirche her Mitternacht schlug, machten die beiden sich auf ihren unheimlichen Weg.

Es war bitterkalt in dieser Nacht. Licht mussten sie keines mit sich tragen, der volle Mond beleuchtete vom sternenübersäten Himmel herab die verschneite Ebene, die vor ihnen lag. Nur ab und zu zog ein kleines Wolkenfeld vorüber und erschwerte ihnen für einen kurzen Augenblick die Sicht. Hin und wieder hörten sie ein Käuzchen schreien; ab und an einen Hund auf einen fernen Hof bellen, aber sonst war es still, totenstill, bis auf das Knirschen des Schnees unter ihren Stiefeln.

Endlich waren sie am Kreuzweg angekommen. Der Bauer stellte sich genau in die Mitte der sich dort überschneidenden Pfade. Seine Frau hielt sich ein wenig abseits, öffnete das Säckchen mit dem Heu, streute es zu einem Kreis aus und stellte sich hinein. Während sie nun zitternd wartete, zog er aus der Tasche den kleinen Spiegel hervor und hielt ihn genauso vor sich hin, dass er auf der blanken Fläche, hinter seinem eigenen Gesicht, das volle Rund des Mondes zu sehen bekam.

Eine ganze Weile geschah gar nichts. Höhnisch grinsend wandte er sich seiner Frau zu, die schlotternd in ihrem Kreis stand und wollte gerade sagen: »Na, hab ich es nicht gewusst?« Im selben Augenblick jedoch erhob sich ein Heulen und Jaulen, ein Hufgetrappel und das Wiehern von Pferden. Das Gesicht des Bauern wurde starr vor Schreck. Kreidebleich, mit weit aufgerissenen Augen und einem zum stummen Schrei geöffneten Mund, blickte er zum Himmel hinauf, gerade so, als würde er dort oben etwas Fürchterliches sehen. Die Frau aber wurde nun von weißen Nebelschwaden eingehüllt, die immer dichter und dichter wurden. Ein Wind kam auf, der so an ihr zerrte, dass sie fürchtete, aus ihrem Schutzkreis gerissen zu werden.

»Was ist mit dir? Was siehst du?«, rief sie. Aber das Sausen und Brausen wurde immer lauter und lauter, schließlich sah sie schemenhaft, wie ihr Mann von einer riesigen Kraft von den Beinen gerissen und zu Boden geworfen wurde. Dann war es plötzlich wieder still. Das Hufgetrappel, das Wiehern und Heulen erstarb, der Nebel löste sich auf, der Wind legte sich und bald schon schien der gütige Mond wieder auf das silbern glitzernde Schneefeld, als wäre nie etwas gewesen.

Nachdem sie ganz sicher war, dass der Spuk vorbei war, verließ die Frau ihren Kreis, lief zu dem Mann hinüber, der besinnungslos am Boden lag und beugte sich zu ihm hinab. Als sie ihn ansah, blieb ihr fast das Herz stehen vor Schreck. In dieser kurzen Zeit schien er um Jahre gealtert, die Haare standen ihm zu Berge, tiefe Furchen hatten sich in sein Gesicht gegraben.

Ohne auch nur einen Laut von sich zu geben, ließ er sich von seiner Frau auf die Beine helfen und nach Hause bringen. So sehr die Bäuerin auch auf eine Erklärung hoffte, es kam kein Wort über seine Lippen, was die Ereignisse jener unglückseligen Nacht betraf.

Aber eines Tages, es war am Ende des Winters, da konnte er sein dunkles Geheimnis doch nicht mehr länger für sich behalten. Der Bauer saß im Wirtshaus, hatte vielleicht schon die eine oder andere Maß zu viel getrunken und das löste schließlich seine Zunge.

»Stell dir vor, was ich gesehen habe in der Raunacht draußen auf dem Kreuzweg.« Er beugte sich zu seinem Spezl hinüber und flüsterte ihm ins Ohr. »Ich hab einen Leichenzug gesehen. Eine Kapelle hat einen Trauermarsch gespielt und acht schwarze Pferde haben einen Sarg gezogen. Aber dann hat sich die Trauermusik immer mehr in eine lustige Weise verwandelt und auf einmal war da eine Hochzeitsgesellschaft, recht lustig und ausgelassen. Weißt du, was das bedeutet? Meine Frau wird nicht mehr lange leben und ich werde wohl bald eine neue Bäuerin heimführen, eine, die besser auf mein Zeug schaut.«

Er lehrte seinen Maßkrug in einem Zug, wischte sich mit dem Ärmel über den Mund. Dann schlüpfte er – ein wenig wankend – in seinen Lodenmantel und machte sich auf den Heimweg.

Niemand kann sagen, was in dieser Nacht wirklich geschehen ist. Aber irgendwie muss der Bauer in seinem Rausch über eine Wurzel gestolpert sein. Jedenfalls ist er mit dem Kopf recht unglücklich auf einen Stein geschlagen und ist bis zum anderen Morgen bewusstlos liegen geblieben. Holzknechte haben ihn gefunden und zu seinem Hof getragen. Seine Frau hat ihn etliche Wochen lang sehr aufopfernd gepflegt, aber trotzdem ist er nicht mehr gesund geworden. Eines

Tages, als der erste Frühlingsvogel sein Lied sang, hat der Bauer seine Augen für immer zu gemacht.

Und übers Jahr hat seine Witwe Hochzeit gefeiert, mit ihrem Johann nämlich, und mit dem – so haben es zumindest die Leute erzählt – ist sie auch bis ins hohe Alter sehr glücklich geworden. Vielleicht lag es ja daran, dass die beiden die Schalen fürs Kleine Volk und den Gabentisch für die Frau Percht zur Weihnacht bis zu letzt immer gemeinsam gefüllt haben.

Hochzeit der Entrischen

Vor langer Zeit lebten einmal zwei Brüder, die unterschiedlicher nicht sein konnten. Der eine, der Anderl hieß, war ein stiller, ein in sich gekehrter Mensch, einer der viel auf die alten Sitten und Bräuche gab. Er beobachtete den Lauf der Gestirne und lauschte auf das heimliche Wispern des Windes im belaubten Geäst der Bäume. Der andere, der Thomas hieß und von allen nur Dammerl genannt wurde, war, wie sein Namenspatron, ein Zweifler, einer den es umtrieb und der nichts zu glauben schien, was er nicht mit eigenen Augen sehen oder mit den Händen greifen konnte.

Immer wieder gerieten die beiden sich in die Haare, wenn der eine dem anderen Aberglauben und der andere dem einen Hochmut vorwarf.

Besonders schlimm waren die Streitigkeiten in der Zeit der Raunächte. Während der Anderl genau darauf achtete, dass keine Wäsche auf der Leine hing, keine Fingernägel und keine Haare geschnitten wurden, schimpfte der Dammerl den ganzen Tag über die Einfalt seines Bruders.

Eines Tages, es war kurz vor Weihnachten, waren sie so heftig aneinandergeraten, dass der Dammerl plötzlich mit der Faust auf den Tisch schlug und rief: »Jetzt ist es aber genug! Auf die Stund' mach ich mich auf den Weg und ich werde solange wandern, bis ich dir beweisen kann, dass es deine Entrischen gar nicht gibt!«

»Ich bitt' dich, bleib da!«, flehte der Anderl. »Am Ende wird die Wilde Jagd noch deiner habhaft!«

Aber der Dammerl wollte davon nichts mehr hören und so packte er sogleich ein kleines Bündel und verließ das Haus. Lange wanderte er über Felder und Wiesen, über Berge und Täler. Aber wo immer er hinkam, er fand weder einen Beweis noch einen Gegenbeweis für die Existenz der Entrischen.

So kam er schließlich am Tag des Heiligen Abends an einen abgelegen Hof. Weil er schon so lange unterwegs war und auch recht müde, klopfte er an und bat um ein wenig Brot und heiße Suppe.

Die Hofleute waren mildtätige Menschen, baten ihn freundlich in die Stube und bewirteten ihn reich.

Als der Dammerl gegessen hatte, fing er an, sich mit den Bauern zu unterhalten. Man erzählte sich dieses und erzählte sich jenes. Schließlich aber berichteten die Eheleute davon, dass sie dieses Jahr nicht zur Christmette fahren könnten, weil sich kein Knecht fände, der in dieser Nacht auf ihren Hof schauen wolle.

»Und warum ist das so?«, fragte der Dammerl.

»Weil ein Fluch auf unserem Hof liegt! Jahr für Jahr ist in der Weihnacht ein Knecht verschwunden. Jede Lichtmess hat sich ein neuer verdingt und das waren immer tüchtige Kerle, die sich nicht so leicht vor etwas fürchteten. Aber die Heilige Nacht haben sie nie überstanden. Jedes Mal, wenn wir von der Mette zurückkamen, lag hier in der Stube alles verwüstet, als wär' die Wilde Jagd durchgebraust und der Knecht war wie vom Erdboden verschluckt, ohne eine Spur zu hinterlassen. Jetzt will halt keiner mehr bleiben und so müssen wir selber nach dem Rechten schauen.«

»Weißt' was?«, sagte der Dammerl daraufhin zum Bauern. »Ihr habt mich so gastfreundlich bewirtet. Fahrt ihr ruhig zu eurer Mette ins Dorf. Ich bleib gern und schau, dass auf dem Hof alles seinen rechten Gang geht!«

»Nein, das können wir nicht annehmen!« Der Bauer hob abwehrend die Hände. »Am Ende sind wir dann schuld, wenn dich das Unglück trifft. Wer weiß, was geschieht, in dieser Nacht!«

»Ach was«, meinte der Dammerl ruhig. »Ich fürcht' mich nicht! Wenn man an den ganzen Spuk erst gar nicht glaubt, dann kann einem auch nichts passieren!«

So kleideten die Hofleute sich in ihr bestes Festtagsgewand, spannten ihren Schlitten an und fuhren hinunter ins Dorf.

Als sie weg waren, sah der Dammerl sich überall in der Stube um, hinter den Schränken, unterm Kanapee, im Kamin und hinterm Ofen. Er kontrollierte alle Fenster und alle Türen. Nachdem er nichts Ungewöhnliches entdeckt hatte, zog er ein Brett aus der Holzverkleidung an der Wand, kroch hinein und wie er drinnen war, schob er das Brett wieder so vor sich, dass er zwar nicht entdeckt werden, aber durch eine kleine Luke alles in der Stube beobachten konnte.

Lange saß er so in seinem Versteck und nichts ist geschehen. Alles war still und ruhig, nur die große Wanduhr tickte gleichmäßig und draußen sang ganz leise der Winterwind sein eisiges Lied.

Nach einer Weile aber, es musste so gegen Mitternacht gewesen sein, der Dammerl war schon fast eingeschlafen, flog plötzlich mit einem lauten Krachen die Haustüre auf. Unheimliche Gesellen betraten die Stube, Teufelsgestalten, so schrecklich anzusehen, dass sogar dem Dammerl, der sich doch sonst vor nichts zu fürchten schien, ganz anders wurde. Riesige, schwarze Kerle, über und über behaart mit überlangen Armen, die sie beim Gehen links und rechts über den Boden schleifen ließen. Manche von ihnen bockbeinig, manche wiederum ein wenig gebückt, damit sie mit ihren gehörnten Köpfen nicht an die Decke stießen.

Nacheinander scharten sie sich jetzt um den großen Tisch. Der Größte unter ihnen, offenbar ihr Anführer, schickte jetzt den Kleinsten mit einer stummen Geste, die nur durch ein tiefes Brummen begleitet war, vor die Türe hinaus. Dann nahm er einen schweren Sack vom Rücken und warf ihn auf den Tisch. Nacheinander holte er jetzt ein mit Perlenschnüren und Goldfäden besticktes Tuch hervor, gefolgt von silbernen Schalen und Schüsseln, die bald darauf mit den köstlichsten Speisen gefüllt waren.

Die Gesellschaft setzte sich nun rund um den Tisch und ließ sich schmatzend, schlürfend und rülpsend den Festtagsschmaus schmecken. Bratensaft und Fett lief ihnen links und rechts aus wulstigen Lippen, über Wangen und Kinnladen hinab. Krug um Krug wurde geleert und je mehr Bier durch durstige Kehlen rann, umso lauter und lustiger wurden die grausligen Kreaturen. Sie johlten und grölten und schlugen sich gegenseitig lachend und feixend mit ihren haarigen Pranken auf Schultern und Rücken.

Von Zeit zu Zeit kam der Kleine, der sicherlich auch mindestens zwei Meter maß, von draußen herein, schenkte sich einen Krug mit schäumendem Bier voll und leerte ihn auf einen Zug. Dann wurde er gefragt: »Wie ist die Zeit?«

»Zeit ist genug!«, antwortete er jedes Mal und stapfte wieder mit schwerem Stiefeltritt nach draußen.

Als der Festschmaus zu Ende war, ging noch einmal die Türe auf und ein reich geschmücktes Hochzeitspaar wurde hereingeführt.

Aber so schön sie auch angezogen waren, so schauerlich war ihr Erscheinen. Die Braut trug ein kostbares Kleid aus goldbesticktem Brokat, Handschuhe aus geklöppelter Spitze und auf dem mächtigen Schädel einen Schleier so durchsichtig und zart, als wäre er aus feinsten Spinnweben gewirkt. Ihr Gesicht, mit den kleinen, triefigen Augen, war eine fürchterliche Fratze. Riesige Zähne standen halb verfault, kreuz und quer über ihre wulstigen Lippen, sodass sie das Maul gar nicht schließen konnte. Auf ihrer gebogenen Nase wucherten ebenso, wie auf ihrem spitzen Kinn, dicke haarige Warzen. Zwischen ihren Schulterblättern thronte ein Buckel, hoch wie ein Berg und ihre Füße waren groß und breit, wie zwei Brotlaibe.

Der Bräutigam, der ein ebenso grobschlächtiger Kerl war wie die wilden Gesellen, die schon um den Tisch saßen, war in einen edlen Anzug aus Zwirn gezwängt, seine riesigen Pranken reichten bis zum Boden hinab und von seinem gewaltigen, kürbisgroßen Kopf standen die Haare zu Berge, dick und schwarz, wie die Borsten eines Windschweines.

Die beiden stellten sich jetzt in die Mitte des Raumes, der Anführer erhob sich und begann nun eine Art Hochzeitsritual zu vollziehen. Freilich, was dabei gesprochen wurde, verstand der Dammerl nicht, denn jedes Wort war nur ein tierisches Brummen, umrahmt von lautem Grunzen und Knurren.

Aber die Brautleute schienen gut zu verstehen, denn jedes Mal, wenn der Wortführer eine kurze Pause einlegte, nickten sie zustimmend und brummten ebenfalls fremdartig klingende Laute.

Schließlich reichte einer der Umstehenden ein kleines rotes Samtkissen mit einem Kelch und einem Krummdolch darauf, beides aus glänzendem Silber und bestückt mit kostbarsten Edelsteinen. Der Meister nahm den Dolch, schnitt den beiden Brautleuten damit eine tiefe Kerbe in ihre vorgehaltenen Hände. Nachdem er das herabtropfende Blut in dem Kelch aufgefangen hatte, reichte er ihn dem Hochzeitspaar, die ihn nacheinander austranken.

Als er bis zum letzten Tropfen geleert war, reckte der Bräutigam ihn wie eine Trophäe in die Höhe und die ganze wilde Schar begann jetzt zu jubeln und zu grölen. Dann stimmten sie alle zusammen einen schaurigen Gesang an, der klang, als hätten sich die Totengeister erhoben, sie begannen mit ihren Füssen auf den Boden zu stampfen und in die haarigen Pranken zu klatschen, dass die Wände der Stube zitterten. Dazu drehte sich das frisch vermählte Paar in einem immer schneller werdenden, wirbelnden Hexentanz.

Während all dieses Tobens und Lärmens kam immer wieder der Wächter von draußen herein, wurde nach der Zeit gefragt, trank einen Krug Bier und schlurfte wieder hinaus.

Als er gerade wieder einmal in die Stube trat und gefragt wurde: »Wie ist die Zeit?«, antwortete er, wie die Male vorher: »Zeit ist genug!«

In diesem Augenblick aber rief der Dammerl, so laut er konnte, aus seinem Versteck heraus: »Das stimmt gar nicht! Der Tag steht schon längst hoch am Himmel!«

Da fuhr mit einem Aufschrei die ganze Meute in die Höhe, alle brüllten aufgeregt durcheinander. Einige von ihnen begannen nun, wie wild auf den Wächter einzudreschen, bis schließlich der Anführer dazwischen fuhr. Sie rannten nach links und sie rannten nach rechts, rannten sich gegenseitig über den Haufen, hin und her, kreuz und quer, bis sie schließlich alle zusammen durch die Türe nach draußen stürmten und bald darauf auf Nimmerwiedersehen verschwunden waren.

Der Dammerl hielt sich erst noch ganz still in seinem Versteck. Als er sich aber ganz sicher sein konnte, dass die Entrischen wirklich nicht mehr zurückkommen würden, kroch er hinter dem Bretterverschlag hervor und sah sich in der Stube um. Wüst sah es aus: Tische und Bänke umgeworfen, das silberne Geschirr auf dem Boden verteilt und mitten drin: Kelch und Dolch.

In aller Seelenruhe barg der Dammerl jetzt diese Schätze und versteckte sie in seinem Bündel. Dann machte er sich daran, die Stube wieder aufzuräumen. Als bald darauf die Hofleute von der Messe zurückkamen, war alles wieder genauso, wie sie es verlassen hatten.

Heilfroh und von Herzen erleichtert waren sie, als sie den Dammerl so wohlbehalten vorfanden. Auf ihre Frage hin, ob denn gar nichts vorgefallen sei, meinte er nur: »Nein, eigentlich nicht viel. A bisserl fad war's mir halt, die ganze Nacht!«

Am nächsten Tag nahm der Dammerl sein Bündel, verabschiedete sich von den Bauersleut, die sich noch einmal herzlich bedankten, und machte sich wieder auf den Weg zurück zu seinem Bruder, mit dem er von nun an in gutem Einvernehmen lebte. Auch, wenn er kein Wort über seine Begegnung mit den Entrischen verlor, bestritt er von Stund' an nie mehr deren Existenz.

Und auch wenn der Anderl nie erfahren hat, wie der Bruder zu seinem Reichtum gekommen war, genoss er doch den Wohlstand, der ihnen beiden nun beschert war.

Auf dem Bauernhof ist von dieser Zeit an übrigens nie wieder ein Knecht in der Christnacht verschwunden. Aber alle Hofwachen, die seither das Haus hüteten, haben einhellig berichtet, dass immer gegen Mitternacht ein herzzerreißendes Weinen zu hören war und in diesem Winseln ganz deutlich die Worte: »Ich bitte euch, gebt mir meinen Kelch und meinen Dolch zurück! Ich bitte euch!« Irgendwann im Laufe der Nacht erstarb diese Klage im Jammern des Windes und nie konnte sich jemand erklären, woher sie kam, noch, was sie zu bedeuten hatte.

Thomasnacht

Leni, die von ihren Eltern auf den schönen Namen Helena getauft war, hatte ein freundliches Wesen, war fröhlich und trotzdem sie gut gewachsen und recht hübsch anzusehen war, schienen die Liebesgöttin oder auch die Heiligen – je nachdem wie man es betrachten wollte – dem Mädchen nicht hold zu sein.

Sie zählte schon an die 20 Jahre und noch immer hatte keiner der heiratsfähigen Männer in der Umgebung bei ihrem Vater vorgesprochen wegen einer Heirat.

Darüber war die junge Frau recht traurig, besonders weil all ihre Freundinnen, die Nachbarstöchter nach und nach zum Traualtar geführt wurden - nur sie nicht. Sollte sie als alte Jungfer enden? Sollte es ihr nicht beschieden sein, eigene Kinder und einst sogar Enkel zu bekommen? Es lastete schwer auf ihr – besonders, wenn sie mitbekam, dass ihre Eltern immer wieder einmal, wenn sie glaubten, Leni läge schon längst schlafend in ihrer Kammer, sich leise murmelnd darüber unterhielten, was sie denn falsch gemacht hätten, mit dem Mädchen. Oder wenn die Verwandten sie fragten: »Na, hast jetzt immer noch keinen? Bist dir wohl für alle zu gut oder zu fein?« Aber Leni war sich nicht zu gut oder zu fein, ganz im Gegenteil. Mit jedem Jahr, das vorüberging, war sie bereit mehr Abstriche am schönen Traum von einem Bräutigam zu machen. Aber was nutzten die ganzen Zugeständnisse, wenn doch überhaupt niemand da war, bei dem sie überhaupt ein Auge hätte zudrücken müssen?

Wenn Leni, hübsch angezogen und zurechtgemacht, auf einen Jahrmarkt oder ein Tanzfest ging, kam sich vor, als trüge sie eine Tarnkappe.

Keiner der Kerle würdigte sie auch nur eines Blickes. Es war zum Weinen. Ungezählte Wallfahrten hatte sie schon unternommen und dem Hl. Valentin Unmengen von Kerzen gestiftet. Aber der Himmel mochte einfach kein Einsehen mit dem armen Mädchen zeigen.

So beschloss Leni schließlich, ihr Schicksal selbst in die Hand zu nehmen, und fasste einen Plan. Am Rande ihres Heimatortes, ein wenig außerhalb der efeubewachsenen Stadtmauer lebte eine alte Frau, die in dem Ruf stand, sich auf allerlei Zaubereien und Hexenwissen zu verstehen. Zu ihr ging man, wenn einem das Zipperlein plagte oder wenn man glaubte, jemand hätte den bösen Blick auf einen geworfen. Natürlich tat dies niemand aus der Stadt und dem umliegenden Land bei Tag. Wer wollte sich schon nachsagen lassen, er wäre abergläubisch? Aber, unerkannt im Schutz der Dunkelheit, ganz heimlich und verdruckt, da schlichen die

Leute mit ihren Sorgen und Nöten hin zu der Alten und die wusste immer einen Rat.

Und so ging auch Leni eines Tages zu ihr. Es war spät im Jahr, die Novembernebel zogen weiß und schwer über das Land, schwarze Bäume, mit kahlen Ästen standen am Wegesrand und sahen aus, wie zornige Männer. Wieder einmal neigte sich ein Jahr seinem Ende zu, in dem kein Verlobungsring an ihrer Hand glitzerte. Sie war verzweifelt. Lange hatte sie überlegt, hatte sich gequält, ob sie diesen Schritt wagen sollte. Aber jetzt stand sie vor der alten, schon etwas verfallenen Hütte und klopfte zaghaft an.

»Herein, wenn's nicht der Teufel ist«, erklang eine gebrochene Stimme von drinnen. Ganz vorsichtig stieß Leni die knarzende Türe auf und trat ein. Nachdem ihre Augen sich an das im inneren herrschende Zwielicht gewöhnt hatten, sah sie sich um.

Die Stube war ärmlich und karg eingerichtet. In der Mitte stand ein alter Holztisch mit unzähligen Scharten und Flecken darauf, daneben zwei wackelige Stühle, denen man kaum mehr zutraute, das Gewicht einer erwachsenen Person tragen zu können. Drüben an der Wand befand sich eine kleine Bettstatt, bedeckt mit einer dünnen, zerschlissenen Decke, die der feuchten Herbstkälte bestimmt nicht mehr standhalten konnte. Die Wände rundherum waren schwarz von Ruß und überall hingen getrocknete Kräuter kopfüber an langen Schnüren von der dunklen, tiefen Holzdecke herab.

Vor einer offenen Feuerstelle stand die Alte und rührte mit einem Kochlöffel in einem Topf, in dem eine zähflüssige, graubraune Brühe köchelte. Ab und an spritzen Blasen auf aus der breiigen Masse und ein leicht säuerlicher Geruch stieg von ihr auf. Leni musste ein wenig schlucken. Es graute ihr allein bei dem Gedanken, dass vielleicht auch die Medizin, die sie sich erhoffte, aus diesem Kessel stammen mochte.

»Na mein Kind«, krähte die Alte, »wer hat dir denn dein Herzerl gebrochen?«

Leni seufzte, »Niemand ... das ist es ja ... kein Kerl schaut mich an ... ich ... äh ...« Jetzt fing sie auch noch an zu stottern, ihre Knie schlotterten und ein dicker Kloß steckte in ihrem Hals. Mit einem Mal rannen dicke Tränen über ihre Wangen herab und sie wurde von solch heftigen Weinkrämpfen geschüttelt, wie noch niemals zuvor. All der Schmerz und all der Kummer, den sie jahrein-jahraus mit sich herumtrug, die Schmach, die sie vor den Leuten verbarg und niemandem zeigte, über die sie mit keiner Menschenseele reden konnte, bahnte sich jetzt einen Weg und sie weinte so sehr, dass sie glaubte, gar nicht mehr aufhören zu können.

»Ist ja schon gut! Wein' nur ...«, sagte die Alte ganz sanft. »Lass es einfach raus!«

Als Leni sich endlich beruhigt hatte und vor ihr stand, mit roten Augen und dick geschwollenen Lidern, da fasste die Alte mit ihrer einen Hand die heiße, schweißfeuchte Hand des Mädchens und die andere legte sie der Jungen auf das Herz, dann schloss sie die Augen.

»Ja, ja, ich versteh schon«, murmelte sie, »das tut weh. Aber weißt du, das ist wie ein Fluch, ein böser Zauber, gegen den müssen wir erst angehen. Dann wird's auch was mit einem Burschen, glaub' mir!«

Als Leni nach einer Stunde die Hütte verließ, baumelte um ihren Hals ein kleines Leinensäckchen mit getrockneten Kräutern darin.

»Nimm das ja nicht ab! Hörst du?«, hatte die Alte ihr aufgetragen. »Du musst es behalten bis zum nächsten Neumond, Tag und Nacht. Nimm ein Bild von deiner Großmutter. Du hast doch eines? Das musst du auch bei dir tragen, ganz nah am Herzen. Jeden Tag vor Sonnenaufgang gehst du hinaus zum Fluss und sprichst mit ihr, mit deiner Großmutter. Sag ihr alles, was du auf der Seele hast. Dann nimmst du einen Stein und wirfst ihn nach hinten ins Wasser. Du darfst dich nicht mehr umdrehen, wenn du gehst. Wenn die

Mondsichel wieder zunimmt, dann kommst du wieder her und wir sehen weiter. Und zu niemandem ein Sterbenswörtchen, vergiss das nicht!«

In dieser Nacht fand Leni keinen Schlaf. Hinter ihren geschlossenen Lidern tanzte das alte, runzelige Gesicht der Kräuterhexe. Sie schwitzte und fror zugleich. Unruhig wälzte sie sich hin und her. Gleich nachdem sie nach Hause gekommen war, hatte sie heimlich unten in der Stube aus dem Album in der Schublade der hölzernen Anrichte eine Fotografie ihrer Großmutter genommen. Sie zeigte die Frau, die schon gestorben war, als Leni noch ein kleines Mädchen gewesen war, selbst noch als junge Frau. Stolz sah sie aus in ihrem weißen Gewand mit hochstehendem Kragen. Das krause schwarze Haar war hochgesteckt. Auf ihren Lippen lag ein sanftes Lächeln und ihr Blick schimmerte dunkel und geheimnisvoll.

Jetzt trug Leni das sepiafarbene Bild Tag und Nacht unter dem Hemd und es klebte juckend auf ihrer schweißnassen Haut. Stunde um Stunde hörte sie die Glockenschläge vom nahen Kirchturm herüber und sie kam nicht zur Ruhe.

Endlich näherte sich die lange Nacht ihrem Ende. Lautlos erhob sich die junge Frau, zog sich an, nahm ein warmes Wolltuch und machte sich auf den Weg hinunter zum Fluss.

Erst kam sie sich selbst ein wenig seltsam vor, wie sie das Bild aus dem Ausschnitt nahm, es lange ansah und versuchte auch nur einen klaren Gedanken zu fassen, den sie der längst Verstorbenen erzählen konnte. Aber mit der Zeit, da fiel es ihr immer leichter und leichter. Die Worte purzelten nur so hervor und sie erzählte ihr alles, was sie bedrückte. Nachdem sie ihr Herz endlich erleichtert hatte, hob sie einen runden, grauen Kieselstein auf, warf ihn über ihre Schulter zurück in die Fluten des Flusses und verließ, ohne sich noch einmal umzusehen, das Ufer.

Genauso wiederholte sie dieses Ritual von nun an jeden Morgen. Und als schließlich ein Monat vorüber war, da fühlte sie fast so etwas wie Bedauern darüber, dass die Zeit der geheimen Zwiesprache mit ihrer Großmutter nun schon vorbei sein sollte.

»Das hast du gut gemacht!«, sagte die Alte, als Leni ihr berichtete. »Aber jetzt pass' auf! Jetzt wollen wir mal schauen, ob's was wird mit deinem Liebsten im kommenden Jahr. In drei Tagen ist Thomasnacht. Du weißt, das ist eine wichtige Losnacht. Also hör mir zu: Am Abend, bevor du schlafen gehst, schälst du dir einen Apfel. Du musst aufpassen, dass du die Schale in einem Stück abziehst! Sie darf dir nicht reißen. Dann legst du sie vorsichtig unter dein Kopfkissen. Wenn du aufwachst, am anderen Morgen, schaust du, welche

Buchstabenform sie hat. Das ist der Anfangsbuchstabe vom Vornamen deines Liebsten.

Das ist aber noch nicht alles. Hör zu: In den Raunächten zwischen Weihnachten und heilig drei König offenbart sich in unseren Träumen das Schicksal des neuen Jahres. Jede Nacht steht für einen der kommenden Monate. Also, merk dir deine Träume recht gut, damit du dann auch weißt, wann er dir begegnet, dein Bräutigam!«

Leni konnte es kaum erwarten, bis es soweit war. Endlich war der Tag der Wintersonnwende angebrochen. Spät am Abend, als im Haus schon alles schlief, schlich sie ganz leise auf Zehenspitzen in die Küche hinunter, um sich einen Apfel aus der irdenen Schale zu nehmen, die auf dem großen Holztisch stand. Dann holte sie ein Messer aus der Schublade des Küchenkastens und ging wieder hinauf in ihre Kammer.

Ganz vorsichtig schälte sie dort den Apfel, achtete sehr genau darauf, dass die Schale nicht riss, und legte sie dann unter ihr Kopfkissen.

Obwohl sie gar nicht damit gerechnet hatte, schlief sie die ganze Nacht hindurch tief und traumlos, bis zum nächsten Morgen. Kaum war sie erwacht, hob sie vorsichtig und mit klopfendem Herzen das Kissen an. Die Apfelschale lag noch darunter, aber sie wirkte wie aufgebrochen, als hätte sie jemand zerrissen und dann wieder zu einem zittrigen »W« zusammengefügt. »W?«, dachte Leni, »was mag das bedeuten? Wolfgang oder Walter?« Sie kam nicht dazu, den Gedanken weiter zu spinnen, denn in diesem Moment erschien es ihr, als würde die Apfelschale vor ihren Augen in Windeseile verfaulen. Sie wurde ganz braun und rollte sich ein. Das Mädchen blinzelte, schüttelte den Kopf und da war der ganze Spuk auch schon vorbei. Auf ihrem Laken lag nichts weiter, als eine vertrocknete Apfelschale, die nicht im entferntesten eine Ähnlichkeit mit irgendeinem Buchstaben hatte.

Leni war völlig durcheinander. Sollte sie sich so getäuscht haben? Aber sie hatte doch dieses »W« ganz deutlich gesehen und wenn es das jetzt gar nicht gab, hieß das dann, dass sie im neuen Jahr wieder keinen Mann finden würde?

Den ganzen Tag war Leni hin und hergerissen zwischen Hoffnung und Angst. Hoffnung darauf, ihr Glück möge sich erfüllen, und Angst davor, allein zu bleiben. Und nicht nur das: Wenn ihre Augen ihr einen solchen Streich gespielt hatten heute Morgen, hieß das, sie war dabei, ihren Verstand zu verlieren?

In den folgenden Raunächten ging Leni jeden Abend voll Bangen ins Bett und am anderen Morgen wachte sie höchst erstaunt darüber auf, wie tief sie doch geschlafen hatte: Tief und traumlos und so ging das fort, Nacht für Nacht. Obwohl sie tagsüber unruhig und ängstlich war, jede Minute an das Orakel denken musste, sank sie des Abends müde und erschöpft auf ihr Kissen und es erschien nicht ein Traumbild, das ihren ohnmachtsähnlichen Schlaf im geringsten gestört oder unterbrochen hätte.

So waren bereits zehn der Heiligen Nächte vorübergegangen und Leni glaubte schon nicht mehr an die Prophezeiung der Alten.

Es war der Morgen des 5. Januars. Leni schlug die Augen auf und wollte gleich das Bett verlassen, da hielt sie für einen Moment inne. War da nicht ein leiser Hauch einer Erinnerung? Blitzte da nicht das verschwommene Bild eines Traumes auf? Ja, tatsächlich. Vor ihrem geistigen Auge sah sie etwas, das ihr wie ein Stück eines grünen Lodenumhanges vorkam. So, wie Jäger ihn trugen auf der Pirsch. Aber dieses Bild verschwand sogleich wieder, löste sich auf und noch ehe Leni ergründen konnte, in welchem Zusammenhang es stand, war es schon vorbei. Konnte es sein, dass sie von einem Mann geträumt hatte? So sehr sie sich auch bemühte, der Traum war in den Tiefen ihrer Seele versunken und was oder wer ihr auch immer erschienen sein mag, sie konnte sich einfach nicht mehr daran erinnern.

So machte das Mädchen sich an ihre Arbeit und im Lauf des Tages hatte sie auch diesen scheinbar so unbedeutenden, schemenhafte Ausschnitt ihres Nachtbildes vergessen.

Endlich war nun auch die letzte der Raunächte angebrochen. Aber in dieser Nacht wurde das Mädchen heimgesucht von einem fürchterlichen Albtraum. Zunächst fing alles ganz harmlos an. Leni sah sich auf einer Lichtung am Waldrand. Alles war friedlich und still. Dann aber tauchte plötzlich das Gesicht eines bärtigen Mannes auf. Er war schön, zweifellos - aber irgendetwas an ihm war seltsam befremdlich. Er streckte seine Hand nach Leni aus und sie wusste nicht, was sie tun sollte. Einerseits zog er sie an, andererseits fühlte sie sich sehr beunruhigt. Sie zögerte, hin und hergerissen zwischen Sehnsucht und Angst.

Auf einmal jedoch, da sah sie sich hinter dem Fremden auf einem Ross sitzen und wie der Wind flogen sie über das Land. Dann plötzlich ging es hinauf in die Höhe und gleich darauf schon wieder hinunter auf die Erde, hinein in die Tiefe und dann schon wieder hinauf. Rauf und runter in einem wilden Wirbel und um sie herum da krachte und donnerte es, es heulte und jammerte, als würde die Welt untergehen.

Leni blickte ängstlich hinter dem Rücken des Jägers hervor und da sah sie einen hölzernen Wagen durch die Lüfte fliegen, auf dem allerlei Teufels- und Hexenvolk saß. Höllische Gestalten, die lachten, feixten und fürchterliche Grimassen schnitten. Manche von ihnen schwangen drohend knorrige Stöcke über ihren gehörnten Köpfen.

Um den Wagen herum, da kroch und flog allerlei grausiges Viecherzeug: bucklige Katzen und bockbeiniges Gesindel, schreiend und kreischend. Eulen, die sie fast mit ihren schwere Flügelschlägen streiften, glitten lautlos an ihr vorbei.

Noch nie in ihrem Leben hatte Leni eine solche Angst verspürt. Mit all ihrer Kraft klammerte sie sich am Lodenumhang des Jägers fest, der wandte sich um und lachte aus voller Brust: »Ja, ja, bleib nur bei mir, halt dich fest! Hast' dir's ja so gewünscht, dass ich komm – jetzt bin ich da!«

Der Wind wurde stärker und stärker, immer heftiger riss und zerrte er an ihr. Plötzlich verlor sie den Halt, sie spürte mit Entsetzen, wie der Lodenstoff des Mantels durch ihre Finger glitt, dann rutschte sie vom Pferd und fiel und fiel in eine unendliche, schwarze Tiefe hinein.

Aber der schreckliche Albtraum war immer noch nicht zu Ende. Leni sah die Erde unter sich näher und näher kommen, spürte, wie ihr Nachthemd und ihre Haut an Büschen und Dornengestrüpp zerriss und dann auf einmal, ein Eintauchen in einen feuchten, kalten Sumpf, der sie schmatzend umfing und sie tiefer und tiefer verschlang. Feuchte Erde und Morast drangen ihr in Mund und Nase und sie fürchtete schon, ersticken zu müssen. Aber im selben Moment, als sie dachte, alles wäre verloren, sah sie vor sich plötzlich eine Hand. Eine weiße, zarte Hand, die sich ihr entgegenstreckte und dann schließlich, hell leuchtend in der Dunkelheit, das Gesicht einer Frau, bleich und schön. Und dieses Gesicht lächelte sie an, gütig und mild. Aber ehe Leni nach dieser rettenden Hand greifen konnte, schreckte sie in die Höhe. Ein Angstschrei steckte noch in ihrer Kehle, ihr Herz klopfte zum Zerspringen, verwundert sah sie sich um. Da war niemand, kein Pferd, keine Hexen und Teufel, kein fremder Jäger, aber auch keine rettende Frau. Es war alles nichts weiter, als ein Traum. Zum Glück nur ein Traum.

Leni aber war so aufgewühlt, dass sie sogleich aufstand, sich anzog und sich, ohne sich um ihre Arbeiten daheim zu kümmern, gleich auf den Weg zur alten Kräuterhexe machte.

»Ich weiß nicht«, sagte die Alte, nachdem Leni ihr alles erzählt hatte und auf eine Antwort hoffte. »Ich weiß es wirklich nicht. So etwas hab ich noch nie gehört. Aber irgendwie gefällt mir die ganze Sache nicht. Weißt du mein Kind, Träume mögen uns Wege zeigen, aber die Entscheidungen, sie zu gehen, treffen wir selbst. Vergiss das nicht. Vielleicht ist für dich noch nicht die richtige Zeit für einen Mann. Du solltest viel Eisenkrauttee trinken, das klärt den Verstand. Und bete zur Percht, die schützt uns Frauen in der rauen Zeit.«

Aber Leni wollte keinen Tee trinken und sie wollte auch nicht beten. Sie wollte einen Mann und sie war sich sicher, er würde kommen und wenn sie ihn nur genug liebte, dann würde alles gut werden.

So zog das neue Jahr ins Land und alles schien wie vorher. Der Frühling kam, üppig und grün – überall heirateten jungen Mädchen und Burschen - nur Leni blieb allein.

Die Verwandten trieben ihre Späße und rissen ihre Witze und merkten gar nicht, wie sehr sie das Mädchen verletzten, das mit stolzen Gesicht schweigend dabei stand. Monat für Monat verging, mit ihnen der Sommer und der Herbst, und als sich das Jahr schließlich so langsam wieder dem Ende zuneigte, da trug Leni ihre tiefe Sehnsucht nach einem Mann immer noch unerfüllt und tief verborgen in ihrem Herzen.

Es war am Tag vor Allerheiligen. Leni kam vom Friedhof, wo sie das Grab ihrer Großmutter für den morgigen Gräberumgang geschmückt hatte. Die Sonne schien noch schön und warm in diesem Jahr und so entschloss sie sich einen kleinen Umweg über die Lichtung oben beim Wald zu nehmen, um die milde Herbstluft zu genießen. Die Luft war so lau und das bunte, trockene Laub raschelte unter ihren Füssen. Leni liebte diese Ruhe und den tiefen Frieden, der sie hier umgab und das Alleinsein, das durch keine boshaften Blicke oder Fragen gestört wurde.

Auf einmal aber, da sah sie etwas zwischen den Bäumen hindurch. Eine Bewegung. Ja, tatsächlich, dort drüben stand ein Mann. Er lehnte mit dem Rücken an einer der alten Eichen und er sah jetzt direkt zu ihr herüber. Groß gewachsen, schwarzes Haar, das Gesicht umrahmt von einem dunklen Bart und über den Schultern ein dunkelgrüner Lodenumhang, wie ein Jäger. Sein Blick war seltsam, ein wenig kalt, wie es Leni schien, aber dennoch funkelte etwas in diesen Augen, das ihr Herz berührte. Jetzt lächelte er, hob die Hand und winkte ihr. Verschämt senkte Leni für einen kurzen Moment den Blick und als sie ihn wieder hob, war der Mann verschwunden.

Aber sein Bild hatte sich in Lenis Seele eingebrannt. Sie konnte ihn nicht mehr vergessen. Tag und Nacht dachte sie nur an ihn. Und in ihren Träumen, da sehnte sie ihn herbei mit jeder Faser ihres Herzens.

Wohin auch immer ihr Weg sie in den nächsten Wochen führte, immer hielt sie Ausschau nach dem Fremden. Aber er blieb wie vom Erdboden verschluckt. Bald glaubte die junge Frau schon, ein Spuk hätte sie genarrt.

Die Zeit bis zur Wintersonnwende verging wie im Flug. Schließlich war schon wieder der Abend des Thomastages gekommen. Ein warmer Föhnwind zerrte und rüttelte schon seit Tagen an den Fensterläden der Häuser und an den Gemütern der Menschen. Leni war unruhig. So nahm sie sich am Abend eine Tasse heißer Milch mit Honig in ihre Kammer mit hinauf und kaum, dass sie sie ausgetrunken hatte, schlief sie auch schon ein. Jedoch mit einem Mal – es musste mitten in der Nacht gewesen sein – wachte sie plötzlich auf. Sie hörte, wie der Wind immer stärker und stärker blies. Es heulte und pfiff um das Haus herum, die Dachschindeln knarzten, die hölzernen Läden klapperten. Irgendwo draußen schepperte ein alter Blecheimer, von fern bellte ein Hund. Leni stand auf, legte sich einen Wollschal um die Schulter und ging zum Fenster. Zerrissene Wolken flogen atemberaubend schnell, wie schwarze Vögel über den Himmel, ab und an leuchtete die Scheibe des vollen Mondes durch sie hindurch, spiegelte sich in den matschigen Pfützen auf dem Hof und ließ sie aussehen, wie gegossenes Silber.

Jetzt bemerkte Leni dort unten bei der Gartentüre einen dunklen Schatten. Ja, tatsächlich da war jemand – ein Mann – und jetzt erkannte sie ihn auch: Es war der Fremde, der Jäger und er blickte zu ihr herauf, hob wieder, wie beim ersten Mal, leicht die Hand und winkte sie zu sich herunter.

Lenis Herz klopfte bis zum Hals. Sie war hin und hergerissen zwischen Angst und Begehren. Wenn es einen kurzen Augenblick gegeben hat, an dem sie noch Macht über sich und ihre Handlungen hatte, dann ließ sie ihn ungenutzt verstreichen. Wie unter einem Bann setzte sie sich in Bewegung. Leise stieg sie Stufe für Stufe hinunter, öffnete die Haustüre und ging auf ihn zu. Und ehe sie richtig wusste, wie ihr geschah, saß sie auch schon hinter dem Fremden auf einem schwarzen Pferd, krallte ihre Hände mit aller Kraft in den dicken Loden seines Umhangs und flog mit ihm in die schwarze Nacht davon.

Am anderen Morgen konnte sich niemand erklären, was mit Leni geschehen war. Ihre Eltern fanden Bett und Kammer leer. Von dem Mädchen kein Zeichen und keine Nachricht. Es war die traurigste und sorgenvollste Weihnachtszeit ihres Lebens. Die armen Leute waren davon überzeugt, dass ein schreckliches Unglück geschehen sei und sie ihre Tochter nie mehr wieder sehen würden.

Umso erstaunter waren sie, als am späten Nachmittag des Drei-König-Tages, es war gleich nach Sonnenuntergang, die Türe aufging und Leni hereinkam. Bleich, zitternd und verstört in einem völlig zerrissenen, durchnässten Nachthemd. Wortlos setzte sie sich an den Tisch. Sosehr die Eltern auch in sie drängten, die junge Frau verlor keine Silbe darüber, wo sie gewesen war, geschweige denn über das, was sie erlebt hatte.

Es dauerte einige Wochen, ehe sie sich erholt hatte und ihr Leben und ihre Arbeit im elterlichen Haushalt wieder aufnahm, wie vorher. Aber seit jener Zeit war sie verändert, sie war still und ernst geworden. Über die Geschehnisse der vergangenen Raunächte hat sie, solange sie lebte, geschwiegen wie ein Grab.

Im darauffolgenden Herbst jedoch, als die Wälder rotgolden leuchteten, brachte Leni einen gesunden Buben auf die Welt. Sie nannte ihn Thomas.

Und manches mal, wenn sie sich unbeobachtet fühlte, strich sie dem Kleinen zärtlich über den Kopf und murmelte: »Gell, du bist halt ein Kind beider Welten - aber ich werd' schon dafür sorgen, dass du dich für die lichte entscheidest. Muss ja keiner wissen, dass dein Vater der Wode ist.«

Und als nun ein neues Jahr ins Land gezogen kam, da fand die Leni auch einen Mann, einen guten und sehr treuen, der nicht nur sie aus ganzem Herzen, sondern auch den kleinen Thomas wie ein echter Vater liebte.

Der Jahreslauf

Was machst du denn du da?«

Der Alte, der müde unter einem Baum saß und vor sich hin döste, hob den Kopf und öffnete die Augen. Vor ihm stand ein kleiner Junge, vielleicht sechs oder sieben Jahre alt, eine rote Mütze auf dem blonden Haar, von seinen Schultern herab hingen links und rechts je ein roter Wollstrick, an denen seine Fäustlinge befestigt waren.

»Was machst du denn da?«, fragte der Junge noch einmal und schaute den Alten genau an.

»Ja«, sagte der Alte, »was mach ich da? Ich denke so nach.«

»Über was?«

»Über mich, über das Leben und wie es eben so war.«

»Wie was war?«

»Ach, Bub, das ist eine lange Geschichte. Komm!«, sagte der Alte und schlug mit der flachen Hand neben sich auf den Boden »Setz dich zu mir, dann erzähl' ich es dir!«

Der Bub setzte sich neben den Alten, lehnte seinen Rücken an den Baum und hörte zu.

»Weißt du, damals«, fuhr der Alte fort, »als ich so alt war, wie du, hatte ich nichts als Flausen im Kopf. Ich hab mich vor nichts und niemand gefürchtet. Immer wollte ich der Erste und der Schnellste sein. Wenn die Zeit kam, in der sie mit schaurigen Masken den Winter vertrieben, war ich einer der Wildesten. Und kaum waren die Bäche und Wiesen wieder frei von Eis und Schnee, lief ich schon barfuß, weil ich es gar nicht erwarten konnte, dass es endlich warm und schön wurde. Ich dachte immer, das ganze Leben sei ein Spiel.

Das dachte ich auch noch, als ich größer wurde. Je wärmer die Sonne in ihrem Himmelslauf wurde, umso mehr Kraft spürte ich in mir. Wie die jungen Bäume, die ausschlugen und die Pflanzen, die in die Höhe schossen. Alles war so üppig, die blühenden Bäume, die Wiesen so grün, die Blumen so bunt und so leuchtend. Wie sehr liebte ich die jungen, feschen Mädchen.

Eine erschien mir schöner als die andere und war ich mit einer auf dem Tanzboden, fand ich kein Ende mehr – alles war für mich Drehen und Küssen, Liebe und Freude. Ach ja, die Liebe! Wie oft war ich verliebt, bis endlich die eine kam, mit der ich für immer mein Leben teilen wollte.

Unzählige Male war ich dabei, wenn Buchs und Palmzweige, Eiben, Haselnüsse und Wacholder gebunden wurden, als Schutz gegen Unwetter, Viehseuchen und Krankheit. Wenn die Äcker geweiht wurden und in der Walpurgisnacht die Hexen auf ihren Besen ihr Unwesen trieben. Und wie groß war meine Freude, wenn wir alle – ob jung, ob alt – in der Mittsommernacht über die Johannisfeuer sprangen, um das ganze Jahr über gesund zu bleiben. Die Funken flogen hoch hinauf in den nächtlichen Himmel, wenn wir von den Bergen herab brennende Holzräder rollten. Weit hinab ins Tal leuchteten sie, um die Sonne zu begrüßen. Damals, ja damals dachte ich immer, die Liebe und das Leben nähmen nie ein Ende.

Aber dann, zunächst ganz langsam, dann aber immer schneller, ist es ernster geworden. Es kam die Zeit der Arbeit. Von morgens bis abends schufteten wir auf den Feldern. Wenn sich düstere Gewitterwolken auftürmten und von den Kirchen her die Wetterglocken schlugen, zündeten wir in der Stube geweihte, schwarze Kerzen an, beteten und verbrannten Kräuter, damit der Hagel nicht die Ernte zerstört.

Die Tage wurden jetzt schon ein wenig kürzer und ich merkte – mehr und mehr – dass es im Leben nicht immer nur nach den eigenen Wünschen geht.

Nachdem die Ernte eingebracht war, mit dem Erntedankfest, da kam auch für mich die Zeit, ein wenig innezuhalten und zu überlegen. Wenn im Frauendreißiger die Heilkräuter gesammelt wurden und wenn dann im Altweibersommer die Webspinnen ihre glitzernden Fäden zogen, da dachte ich schon mehr über alles nach, was war und noch sein wird. Ich begriff, dass man nicht immer alles mit vollen Händen ausgeben kann. Es gibt Zeiten im Leben, da musst du auch an das Kommende denken. Es ist wie mit der Ernte: Wenn du nichts einlagerst für den Winter, ist in der kalten Zeit, in der nichts wächst, dein Speicher leer.

In der Zeit, in der Tag und Nacht wieder gleich lang ziehen, spürst du, dass alles nach Ausgleich verlangt und, dass die Dinge anders werden. Alles wird ruhiger, es geht nicht mehr so schnell von der Hand, obwohl du selbst das Gefühl hast, dass jeder Tag und jede Stunde nun sehr viel schneller verrinnt.

Die Jungen gehen ihre eigenen Wege und diejenigen, die du ein Leben lang kanntest, werden immer weniger. Die Einsamkeit hält Einzug. Bald kennst du mehr Namen auf den Gräbern, als Menschen auf der Straße. Kein Wunder, dass jetzt alle auf die Gottesacker gehen und an die denken, die nicht mehr unter uns sind. So, wie die Blätter von den Bäumen fallen, so ist auch für jeden von uns einmal die Zeit zu gehen.

Und draußen wird es kälter und kälter. Die Sonne verliert ihre Kraft und die Herbststürme ziehen auf. Es wird unheimlich, neblig und düster, bis alles verstummt. Die Vorräte sind verarbeitet und in den Stuben surren die Spinnräder. Alle sitzen zusammen und hören die Geschichten der Alten, zu denen du jetzt auf einmal selbst gehörst. Von der wilden Luzi wird berichtet mit ihren zwei Gesichtern, vom Wode und seiner wilden Reiterschar, die bei Nacht über den wolkenverhangenen Himmel reitet und natürlich von der Frau Percht mit ihren seligen Heimchen, die sie sicher und geborgen unter ihrem weiten Himmelsmantel hält.

Und alle lauschen mit offenen Ohren und Herzen. Jetzt ist die staade Zeit gekommen, in der die Dunkelheit herrscht. Die Sonne hat ihre Kraft eingebüßt, das Leben ist erstarrt. Der Wind treibt heulend dichte Schneeflocken vor sich her. Du siehst keinen Baum mehr und keinen Strauch. Wie froh du jetzt bist, dass du auf der Ofenbank sitzen kannst. Du suchst die Wärme, weil du selbst so sehr die Kälte in deinen Gliedern spürst.

Jeder wartet und hofft darauf, dass sie endlich kommen, die Heiligen Nächte, nach denen alles wieder aufwärtsgeht. Nach denen das Licht wieder kommt, der Tag wächst und Mensch und Tier und Pflanze sich wieder an das Leben erinnern. Draußen darf jetzt keine Wäsche mehr hängen, kein Haar geschnitten werden und kein Fingernagel. Die Säfte sind erstarrt in Mensch und Baum. Kein Rad darf sich drehen – alles ist still – alles ist Warten.

In solchen Stunden glaubst du manchmal, alles wäre vorbei. Aber das ist es nicht. Es ist nur so, dass alles ruht, bis endlich die Natur wieder erwacht. Weil alles seinen Gang geht und alles seine Ordnung kennt.

Weißt du, Bub, es ist nichts für immer verloren. Es ist nur so, dass sich alles wandelt. Weißt du ...«

Der Alte verstummte, senkte den Kopf und überlegte eine Weile, bis er plötzlich von einer Kinderstimme aus seinen Gedanken gerissen wurde.

»Was machst du denn da?«

Er blickte auf. Vor ihm stand ein kleiner Junge, vielleicht sechs oder sieben Jahre alt, eine grüne Mütze auf dem blonden Haar und links und rechts von seinen Schultern herabhingen grüne Wollstricke, an denen seine Fäustlinge befestigt waren. Der andere Junge, der gerade noch neben ihm auf dem Boden gesessen hatte, war verschwunden und als der Alte nun an sich herabblickte, sah er links und rechts von seinen Schultern herab zwei rote Wollstricke hängen, an denen rote Fäustlinge befestigt waren.

»Was machst du denn da?«

Zeit-Los
Mystik und Magie der Raunächte

Ilona Picha-Höberth

ISBN: 9783939078197
creAstro-Verlag, Wasserburg, 19,80 €

Raunächte -
Zeit-lose Zeit zwischen den Jahren voller Geheimnis und Magie
Zeit des Losens, Lusens, Lauschens auf den Ruf der Dinge
Zeit des Innehaltens und der Rück-Besinnung auf den immerwährenden, natürlichen Kreislauf der Welt.

Ilona Picha-Höberth, Astrologin, Storytellerin, Mythen- und Märchenforscherin berichtet in diesem Buch umfassend über mythologische Wurzeln und aktuelle Bedeutung dieser sagenumwobenen Nächte zwischen den Jahren. Sie bezieht sich dabei auf Herkunft, Überlieferung, astrologische Zusammenhänge, Märchen und Mythen, sowie auf den Einfluss heidnisch-keltischer Glaubensvorstellungen auf die heutige Bedeutung der Weihnachtszeit.

Zahlreiche mystische Erzählungen über Raunachtsspuk und Winterwunder runden das Buch ab und machen es zu einem spannenden Lesevergnügen.